Mut zum Sterben, Mut zum Leben

Klaus W. Vopel

Mut zum Sterben Mut zum Leben

Phantasiereisen und Übungen

Klaus W. Vopel: Mut zum Sterben, Mut
zum Leben. Phantasiereisen und Übungen
ISBN 3-89403-334-7
1. Auflage 2005
Copyright © iskopress, Salzhausen
Umschlag und Grafik:
Mathias Hütter, Schwäbisch Gmünd
Druck: Runge, Cloppenburg

**Bibliographische Information der
Deutschen Bibliothek**
Die Deutsche Bibliothek verzeichnet diese Publikation in der
Deutschen Nationalbibliographie;
detaillierte bibliographische Daten sind im Internet
über http://dnb.ddb.de abrufbar.

Inhalt

Einleitung 6
1. Geburt – Leben – Tod 8
2. Der heilende Garten 11
3. Loslassen 14
4. Der Akt des Sterbens 16
5. Das große Geheimnis 18
6. Frühe Erinnerungen 22
7. Nachdenken über den Tod 25
8. Lebensrückschau 29
9. Mit dem Herzen sehen 32
10. Der Tod als Ratgeber 34
11. Der letzte Brief 37
12. Kontinuität 40
13. Persona 43
14. Haus des Lebens 46
15. Die Tür 49
16. Unsterblichkeit 51
17. Der kleine Fluss 54
18. Die Vergangenheit begraben 58
19. Abschied nehmen 61
20. Vergeben 64
21. Trauerrede 67
22. Letzte Worte 69
23. Abgerufen werden 71
24. Der letzte Wille 74
25. Regenbogen der Geister 76

Einleitung

Zu Tod und Sterben gibt es in unserer Gesellschaft eine paradoxe Einstellung. In Nachrichten und Unterhaltungsindustrie wird der Tod als schockierender Vorgang behandelt, der die Aufmerksamkeit der Menschen stärker bindet als alles andere. Allerdings wird der Tod hier als virtuelles Ereignis erlebt und auf seltsame Weise abgekoppelt von dem Tod, der uns allen tatsächlich bevorsteht. Daneben müssen wir feststellen, dass Tod und Sterben, ähnlich wie Sexualität, nach wie vor zu den stärksten Tabus gehören. Viele müssen sich überwinden, an das Krankenbett von Schwerkranken oder Sterbenden zu gehen. Wir vermeiden chronisch Kranke, besonders wenn sie an so unheimlichen Krankheiten leiden wie Krebs oder Aids. Wir sprechen selten über unsere Gefühle, die sich mit der Erwartung des eigenen Sterbens verbinden. An unseren Schulen ist das Thema nicht vorgesehen, und auch in der Ausbildung für die helfenden Berufe fehlt ein passendes Curriculum für den Umgang mit Sterbenden.

Nicht alle Kulturen haben so starke Berührungsängste dem Tod gegenüber. In Lateinamerika ist es üblich, dass an Allerseelen die Angehörigen auf den Friedhof ziehen, um ihren Toten nahe zu sein. Diese Besuche sind nicht kontemplativ, sondern eher emotional-expressiv. Der Besuch bei den Toten wird als festlicher Ausflug gefeiert, bei dem sich Erinnerung und Bedauern mit Lebensfreude verbinden. Es wird ein ausgiebiges Picknick veranstaltet mit Wein und Musik. Es gilt nicht als pietätlos, auf den Friedhöfen zu tanzen. In Ländern wie Vietnam gibt es einen besonderen Ahnenkult. Auf den Hausaltären stehen Bilder und Memorabilien der Toten. Einmal im Jahr gibt es ein festliches Essen mit dem Familienclan, wo für die wichtigen Toten freie Plätze an der Tafel bereitgehalten werden.

In unseren westlichen Gesellschaften hat die hoch entwickelte medizinische Versorgung dazu geführt, dass die Lebenserwartung immer weiter gestiegen ist. Das bedeutet allerdings nicht, dass wir die gewonnene Zeit nutzen würden, bewusster und heiterer zu leben. Immer noch erscheint der Tod für die meisten Menschen überraschend und trifft sie unvorbereitet.

Demgegenüber berichten manche Menschen, die nur noch kurze Zeit zu leben haben, dass sie ihren bevorstehenden Tod als Befreiung erleben, als eine neue Chance für ein zweites, intensives Leben und als Heilung vieler seelischer Probleme.

Auf dem Totenbett blicken viele Menschen zurück und spüren schmerzlich, dass sie im Leben versagt haben. Sie entdecken Versäumnisse und Fehler. Sie trauern darüber, dass sie ignoriert haben, wie kostbar ihre Beziehungen waren, dass sie ihr Leben nicht gelebt haben, dass sie nicht ernsthafter nach dem Sinn gesucht haben. Weil sie so viele Dinge aufgeschoben haben auf «später», trauern sie jetzt über ein unbefriedigendes Berufsleben, über Unerledigtes in ihren Beziehungen und über einen oberflächlichen Lebensstil. Dieses «Später» ist schneller eingetreten als erwartet, und nun entdecken sie die Last unerfüllter Träume, nicht gegangener Wege und ein Gefühl des unvollendeten Lebens. Viele Menschen bedauern auch, dass sie sich so wenig Zeit genommen haben, auf die Stimme ihrer Seele zu hören und dass es so wenig authentische Freude in ihrem Leben gegeben hat. Sehr viele sagen, dass sie anders leben würden, wenn sie die Chance für ein zweites Leben hätten.

Die Phantasiereisen und Übungen dieses Bandes wollen dazu beitragen, dass wir uns besser auf unseren Tod vorbereiten und nicht mit dem Gefühl von Scham oder Verzweiflung sterben müssen. Sie enthalten Anregungen, bewusster zu leben, unsere Gefühle offener auszudrücken, unser Selbstbild zu überdenken und uns um Weisheit und Freude zu bemühen. Vielleicht beschließen wir auch, das Tempo unseres Lebens etwas zu drosseln und innezuhalten, um den Duft der Rosen zu genießen, und vielleicht sogar neue Rosen zu pflanzen. Die Übungen können dazu beitragen, dass sich unsere Angst vor Sterben und Tod reduziert, dass wir offener hören und tiefer hinsehen und neu entdecken, wer wir sind.

Auf diese Weise kann ein Heilungsprozess eingeleitet werden, bei dem wir langsam abschließen können, was hinter uns liegt, und bei dem wir aufmerksamer und hoffnungsvoller auf das zugehen, was vielleicht vor uns liegt.

Und für alle, die professionell mit Kranken, Sterbenden und Hinterbliebenen zu tun haben, bieten die Phantasiereisen, Trancen und Experimente ein erlebnisbezogenes Curriculum in Thanatologie.

Wir empfehlen diese Aktivitäten für die Gruppenarbeit. Die Präsenz der anderen Teilnehmer und ggf. die Hilfe des Gruppenleiters gibt bei diesem schwierigen Thema Schutz und Ermutigung. Gleichwohl können die meisten Übungen auch allein durchgeführt werden. Bei den Phantasiereisen und Trancen ist es dann am besten, zuvor die Anleitung auf Band zu sprechen.

1 Geburt – Leben – Tod

Das Leben wartet nicht; es ist ständig in Bewegung, und ehe wir uns versehen, nähert es sich dem Ende. Oft haben wir das Gefühl, dass sich das Leben schneller verändert, als wir das selbst können. Wenn wir anfangen, uns auf ein Stadium unseres Lebens einzustellen, dann stellen wir fest, dass die nächste Phase schon begonnen hat. Manchmal haben wir den Wunsch, noch einmal neu zu beginnen, um unser hart erworbenes Wissen anwenden zu können.

Unser Leben ist eine Reise, die mit unserer Geburt beginnt und mit unserem Tod endet. Sobald wir diese Reise antreten, sind wir nicht mehr in der Lage, den Zug unseres Lebens anzuhalten. Damit wir das Leben besser verstehen können, müssen wir auch lernen, eine Beziehung zu unserem Tod zu entwickeln.

Worum geht es in unserer Lebensreise? Niemand kann uns eine Antwort darauf geben; wir müssen das ganz allein herausfinden. Aber meist sind wir so beschäftigt, dass wir gar nicht dazu kommen. Außerdem ist es bedrohlich, die ganze Reise mit ihrem Anfang und ihrem Ende zu betrachten. Darum wenden wir uns lieber unseren alltäglichen Aufgaben zu und vermeiden das Thema.

Aber für diese Vermeidungsstrategie zahlen wir einen hohen Preis. Wir verlieren den Kontakt zu den Geheimnissen des Lebens, und unsere Verbindung mit anderen wird brüchig. Wenn wir die Realität unseres Todes ignorieren, dann verliert unser Leben viel von seinem Wert. Wir vermeiden dann, uns leidenschaftlich zu engagieren, und unser Leben verliert an Tiefe. Das Leben zu lieben gelingt uns nur, wenn wir uns auch mit der Tatsache beschäftigen, dass wir sterben müssen. Aber wie können wir das tun? Beginnen können wir nur mittendrin, dort, wo wir jetzt stehen. Wir sind noch nicht lange in dieser Welt, und wir werden überhaupt nicht sehr lange hier sein können. Darum muss uns die Gegenwart genügen, um unser Leben zu betrachten.

Anleitung

Setz dich bequem hin und gestatte deinen Augen, sich zu schließen. Und achte bitte auf deinen Atem. Vielleicht ist dir an diesem Tag besonders deutlich bewusst, dass dein Atem die Brücke zum Leben ist. Erlaube dir deshalb, dich zu öffnen und zu entspannen, damit dein Atem in alle Teile deines Körpers strömen kann wie in ein weites Gefäß...

Geh nun bitte mit deinem Bewusstsein zurück zu jenem Augenblick, als du zum ersten Mal in Erscheinung getreten bist. Ruf dir alles in Erinnerung, was du über deine Geburt gehört hast. Welche Menschen haben deiner Mutter bei der Geburt geholfen? Was hat man dir über den Verlauf deiner Geburt berichtet? Warst du das erste Kind deiner Mutter, so dass diese Situation für sie ganz neu war? In welcher körperlichen und seelischen Verfassung war deine Mutter? Glaubst du, dass du ein Wunschkind warst? Mit welchen Gefühlen hat dich deine Mutter zum ersten Male in ihren Armen gehalten?... (1 Minute)

Und mit welchen Gefühlen bist du selbst auf die Welt gekommen? Glaubst du, dass du neugierig warst auf alles, was dich erwartete? Fühltest du dich sicher genug, deine neue Beweglichkeit zu genießen? Wie entwickelte sich deine emotionale Verbindung zu deiner Mutter... zu deinem Vater... und zu den anderen Menschen, die mit dir zu tun hatten?...

Lass dir ein wenig Zeit, um über das Geheimnis deiner Geburt nachzudenken. Was betrachtest du als dein genetisches Erbe? Was betrachtest du als dein psychologisches und kulturelles Erbe, das du deinen Vorfahren verdankst?... (1 Minute)

Und nun erlaube dir, darüber zu spekulieren, was du vor deiner Geburt erlebt hast. Wie hat deine Mutter die Schwangerschaft mit dir erlebt? War sie in der glücklichen Lage, dass sie sich auf diese Geburt freuen konnte? Wie hat sie mit ihrem ungeborenen Kind kommuniziert? Mit welchen Gedanken und Gefühlen hat dein Vater diese Schwangerschaft begleitet? Wie war dein Leben im Bauch deiner Mutter? Hast du da schon irgendetwas von deinem Temperament und deiner Wesensart gezeigt?... (1 Minute)

Lass dir etwas Zeit, noch etwas weiter zurück in die Vergangenheit zu gehen. Woher bist du gekommen? Hast du heute einen inneren Kontakt zu deinen Vorfahren? Fühlst du dich irgendwie mit ihrem Leben verbunden? Mit ihren Hoffnungen, mit ihren Frustrationen?

Und woher ist deine Seele gekommen? Glaubst du, dass deine Seele unvergänglich ist? Was empfindest du, wenn du solchen Gedanken nachspürst?... (1 Minute)

Geh nun in die Zukunft deines Lebens, zu jenem Augenblick, an dem dein Leben sich vollendet. Was wird dann mit dir geschehen? Wohin wirst du dann gehen? Was geschieht, wenn dein Herz aufhört zu schlagen, wenn dein Gehirn nicht mehr mit Sauerstoff versorgt wird? Glaubst du, dass irgendein Teil von dir diese Situation überlebt? Glaubst du daran, dass du in irgendeiner Form wiedergeboren wirst? Lass dir ein wenig Zeit, das Geheimnis des Todes zu bedenken... (1 Minute)

Und nun gestatte dir, die Gedanken und Gefühle zu bemerken, die dich im Augenblick bewegen. Betrachte sie einen Augenblick und lass sie in deinem Bewusstsein weiterfließen oder zur Ruhe kommen...

Jetzt hast du Gelegenheit, dein aktuelles Leben zu bedenken, eingefügt zwischen Geburt und Tod. Wo stehst du jetzt in deinem Leben? Worum geht es dir? Worauf wartest du? Was erhoffst du für dich? Wovor möchtest du dich schützen? Was möchtest du vergessen? Wofür bist du offen? Was liebst du? Und worüber regst du dich auf?...

Lass Bilder, Empfindungen und Gefühle, Gedanken und Ideen in dir entstehen und beobachte sie einfach. Es ist nicht nötig, dass du diese Dinge ordnest und in einen logischen Zusammenhang bringst... (1 Minute)

In welchen Situationen fühlst du dich besonders lebendig? Lass dir noch eine Minute Zeit, um das Geheimnis des Lebens zu bedenken. Welchen Sinn siehst du in deinem Leben?... (1 Minute)

Und nun ist es Zeit, dass du mit deiner Aufmerksamkeit wieder hierher zurückkommst. Reck und streck dich ein wenig und atme einmal tief aus. Bring mit, was du nicht vergessen möchtest, und öffne deine Augen. Sei wieder hier, erfrischt und wach.

Nimm dir nun ein Blatt Papier und ein paar Ölkreiden und bring alles, was dir bemerkenswert scheint, mit kleinen Skizzen zu Papier, in Formen und Farben, Symbolen und Bildern. Und wenn du willst, kannst du dir auch kurze schriftliche Notizen machen. All das kann dir Anhaltspunkte geben, wenn du später auf diese Dinge zurückgreifen möchtest.

2 Der heilende Garten

Übergänge erleben wir nicht nur in unserer Lebensgeschichte oder in unserem Alltag. Übergänge finden auch zwischen den Ebenen unseres Bewusstseins statt. Sehr häufig ist der Brennpunkt unseres Bewusstseins in unserem Intellekt, in unserem Gehirn. Unser Gehirn ist ständig aktiv. Es ist ständig bereit zu reagieren, uns zu verteidigen oder einen Angriff zu starten, wenn es eine Bedrohung empfindet. Unser Gehirn schläft beinahe nie; selbst in unseren Träumen versucht es, unsere Aufmerksamkeit zu gewinnen.

Problematisch ist, dass unser Gehirn große Angst vor seiner Sterblichkeit hat. Es fürchtet sein eigenes Ende bzw. das Ende des Bewusstseins. Deshalb hat das Gehirn eine gewisse Abneigung gegen tiefe Entspannung, wie sie in der Meditation oder in der hypnotischen Trance auftritt. Und auch für die sexuelle Ekstase hat unser Gehirn nur eine geringe Toleranz. Es scheut sich vor kognitiver Dunkelheit.

Das Gehirn operiert wie ein treuer Soldat, der Wache hält. Gewohnheitsmäßig erwartet es immer das Schlimmste. Es hat einen natürlichen Hang zum Pessimismus. Das hatte einmal einen evolutionären Vorteil, weil die wachsame Skepsis unseren Vorfahren half, sich gegen äußere Gefahren zu verteidigen. Sie waren immer auf das Unerwartete vorbereitet.

Sehr viel seltener sind wir mit unserer Aufmerksamkeit in unserem Herzen. Das Herz vertraut sehr viel leichter als das Gehirn, und es ist ständig auf der Suche nach den einfachen Genüssen, die das Leben schenken kann. Anders als unser Gehirn ist das Herz viel eher bereit anzunehmen, dass die Welt grundsätzlich freundlich ist. Das Herz schätzt enge persönliche Beziehungen, und es definiert Erfolg auf eine ganz andere Weise. Das Herz ist zufrieden, wenn wir eine liebevolle, fürsorgliche Haltung zu unseren Mitmenschen einnehmen. Das Herz muss nicht alles kontrollieren. Es versucht nicht, Hindernisse zu zerstören, sondern eher von ihnen zu lernen. Während das Gehirn mit Logik und analytischem Denken versucht, Probleme zu lösen, vertraut das Herz eher auf jene geheimnisvolle Lebenskraft, mit der es sich ohne Schwierigkeiten jederzeit verbünden kann. Dabei folgt das Herz einem, im Laufe der Evolution erworbenen, klaren ethischen Programm: Es ist bereit, geduldig zu sein; es schätzt die Verbundenheit mit anderen Menschen und mit dem Leben; es schätzt Freundlichkeit und eine gewisse Demut; und es operiert mit Sanftheit und nicht mit Kontrolle.

Wir haben immer wieder die Wahl, uns primär mit unserem Gehirn zu identifizieren oder uns mit der Kraft des Herzens zu verbünden. Wenn wir uns auf unser Herz einlassen, dann verändert sich unser Blick. Unsere Pupillen vergrößern sich z.B., wenn wir die Schönheit der Natur genießen oder wenn wir uns verlieben.

In der folgenden Phantasiereise bieten wir den Teilnehmern die Möglichkeit, aus ihrem rationalen Tagesbewusstsein in die Tiefe zu gehen, in den Bezirk ihres Herzens. Hier lebt unsere Intuition, unser Optimismus und unsere Fähigkeit, Symbole gefühlsmäßig zu verstehen. Das Herz ist bereit, Geschenke des Lebens anzunehmen und diese geduldig zu assimilieren. Wir führen die Teilnehmer in einen «heilenden Garten», wo Leid und Schmerz in jeder Form (physisch, psychisch, spirituell) durch Weisheit und Liebe gelindert werden können.

Anleitung

Bitte setz dich bequem hin und schließ deine Augen. Gib deinem Körper die Erlaubnis, sich zu entspannen, und richte zunächst deine Aufmerksamkeit auf deinen Atem. Bemerke einfach, wie du atmest... Vielleicht stellst du fest, dass deine Art zu atmen sich ganz von selbst etwas ändert, ohne dass du dich dabei anstrengen musst...

Lass dir einen Augenblick Zeit, um mit deiner Aufmerksamkeit in deinem Körper herumzuwandern, um jene Stellen aufzuspüren, die angespannt sind. Schenke diesen Stellen Entspannung, indem du deinen warmen Atem dorthin schickst... Und lass beim Ausatmen die Anspannung aus deinem Körper hinausfließen, so dass du dich von Augenblick zu Augenblick ruhiger und lockerer fühlst...

Stell dir vor, dass du in einem wunderschönen Garten bist... an einem Platz der Ruhe und des Friedens... Hier bist du sicher und beschützt... Ringsherum die Schönheit der Natur und heilende Farben... Blumen und Sträucher... Hohe Bäume, die Schatten spenden und Schutz vor der Sonne bieten.

Ein schmaler Seitenweg... durch einen Bogengang, überwachsen mit duftendem Geißblatt... Vor dir ein Teich mit einer plätschernden Fontäne... Am Ufer gelbe und blaue Lilien...

Hier kannst du zur Ruhe kommen... alle Sorgen und Nöte loslassen... die Gedanken wandern, wandeln sich... im Wandel der Welt.

Du kannst dich hier weiter entspannen... auf einem Teppich von weichem, grünem Rasen... das kühle Gras an deiner Haut... Und immer mehr erkennst du, dass dies ein besonderer Garten ist... ein Ort der

Heilung... wo schon viele vor dir Frieden und Harmonie gefunden haben... und den Beistand von Heiligen und Engeln, die in alten Zeiten hierher kamen... als Abgesandte göttlicher Mächte, um denen beizustehen, die mühselig und beladen waren... geplagt von körperlichen Schmerzen, von seelischem Leid und spirituellen Nöten... Gestatte dir Ruhe und heilsame Träume... während du auf deinen Schutzengel wartest, der Zeit für dich hat, dich versteht und voller Mitgefühl ist... (1 Minute)

Jetzt ist dir leichter ums Herz... Und wenn du willst, kannst du deinen Schutzengel jetzt rufen, der dich schon immer begleitet hat... von dir erkannt oder heimlich... Dein Wunsch genügt, und er wird kommen...

Aber es gibt auch andere Wege... Vielleicht hörst du eine Stimme, die deinen Namen ruft... immer näher und deutlicher... sanft und beruhigend...

Dies ist dein Schutzengel... Er kommt ganz nahe heran... Vielleicht siehst du nur Helligkeit und Licht... eine Person mit unendlicher Weisheit, gesandt von der großen Liebe, die alles in ihren Händen hält... Und diese Kraft kannst du jetzt spüren... als sanfte, warme Welle, die durch deinen Körper fließt... während der Schutzengel leicht deinen Kopf berührt... Du spürst tiefe Erleichterung in jedem Muskel und in jedem Organ deines Körpers... bis in jede einzelne Zelle...

Dein Geist kommt zur Ruhe, während du kleine, heilende Veränderungen bemerkst... du schöpfst neuen Mut, dass deine eigenen Heilungskräfte alles tun für deine Genesung... Sie lindern... entspannen... machen Mut... geben Hoffnung... reinigen... heilen...

Und dein Schutzengel setzt seine Arbeit fort... Seine Hände bewegen sich über deinen Körper und schenken dir Wärme und das Gefühl der Offenheit... Leichtigkeit... zunehmender Weite...

Und du hörst tröstende Worte tief in deinem Geist, mitten in deinem Herzen, Worte der Liebe, Worte der Weisheit... Sie geben dir Zuversicht und Hoffnung... Alles wird gut... Und du wirst diese Arbeit selbst fortsetzen im Wachen und im Schlafen...

Und du weißt, dass du immer hierher zurückkehren kannst... dass du deinen Schutzengel immer neu zu dir rufen kannst... «Komm und sei bei mir!» Diese Worte können dir Ruhe und Frieden schenken...

Und nun komm mit deiner Aufmerksamkeit zu uns zurück... Reck und streck dich ein wenig, atme einmal tief aus und öffne die Augen in deinem Rhythmus. Sei wieder hier, erfrischt und wach.

3 Loslassen

Im Westen glauben wir, dass unser Leben zu Ende geht, sobald unser Herz nicht mehr schlägt, unsere Gehirnwellen flach werden und unser Bewusstsein einschläft. In der tibetischen Tradition gibt es eine andere Auffassung. Die Reise vom Leben zum Tod wird als ein abgestufter Übergang betrachtet, der einen gewissen Zeitraum beansprucht, nämlich drei bis vier Tage. Wenn wir im Westen jemanden für tot erklären, glaubt man in Tibet, dass die Person immer noch mit dem Prozess des Sterbens beschäftigt ist. Das östliche Verständnis des Todes hat den großen Vorteil, dass sich die Menschen langsam auf den Tod eines geliebten Menschen einstellen können. Der Tod verliert dadurch etwas von seinem Schrecken.

Es gibt viele Gelegenheiten, bei denen wir sozusagen einen «kleinen Tod» erleben können: wenn wir jemanden verlieren, den wir lieben, wenn eine Beziehung endet, wenn wir eine Überzeugung aufgeben, wenn wir plötzlich arbeitslos werden usw. Solche Verluste finden immer wieder statt. Sie geben uns die Gelegenheit, neu über unser Leben nachzudenken und andere Wege einzuschlagen.

In der westlichen Welt kämpfen wir darum, die Dinge zu bewahren – unsere spezifische Identität, unsere Überlebensstrategien, unseren Lebensstil – und wir investieren viel Energie um den Status quo aufrechtzuerhalten.

Wenn wir dagegen das Wirken des Todes anerkennen und seine Kraft, unser Leben durcheinander zu bringen, dann nehmen wir unsere Probleme weniger ernst. Wir erkennen dann, dass wir die Wahl haben: Wir können uns weiter an den Status quo klammern oder wir können uns davon lösen und die Welt aus einem größeren Abstand betrachten.

Viele Menschen neigen dazu, wenn sie älter werden, sich ängstlich an die Details des Lebens zu klammern und das Bekannte festzuhalten. Andere ergreifen die Chance und erweitern ihren Geist. Sie studieren die Gesetze des Lebens, und sie erforschen die Tiefe des eigenen Geistes. Sie sind neugierig auf alles, was auf sie wartet.

In der folgenden Übung können die Teilnehmer den Kontrast erleben zwischen festhalten und loslassen. Wenn wir festhalten, steigern wir unsere Sorge und unsere Verteidigungsanstrengungen; wenn wir loslassen, öffnen wir uns für den Prozess des Lebens, der über den Tod hinaus weitergeht.

Anleitung

Bitte stell dich locker hin und atme einmal tief aus. Strecke beide Arme nach vorn und spanne die Muskeln in Armen und Händen an, so stark es dir möglich ist, und balle die Fäuste...

Bemerke jetzt, wie deine Aufmerksamkeit nach innen gezogen wird... Nun lass locker und gestatte deinen Händen, sich zu öffnen... Bemerke, wie deine Aufmerksamkeit nach außen in die Weite geht...

Und nun nimm wieder Platz und schließ die Augen. Lass dir ein wenig Zeit und finde eine Körperhaltung, die deinem Geist gestattet, ganz wach zu sein, und deinen Gefühlen, Sicherheit und Ruhe zu finden. Vielleicht kannst du deine Aufmerksamkeit zunächst auf das Ausatmen konzentrieren: Jedes Mal, wenn du ausatmest, geh mit deiner Aufmerksamkeit ganz nach unten und erlebe jene Pause, die zwischen diesem Atemzug und dem nächsten entsteht. In dieser Pause musst du gar nichts tun; bemerke sie einfach. Manchmal ist diese Pause größer und dauert ein paar Augenblicke, aber es gibt auch Zeiten, wo du diese Pause vielleicht nicht bemerkst, auch wenn sie existiert...

Geh nun mit deiner Aufmerksamkeit in einen Bereich deines Lebens, wo du dich besonders herausgefordert oder sogar bedroht fühlst. Such dir ein Thema, das dich zur Zeit beschäftigt oder dir sogar Anlass zur Sorge gibt...

Nun konzentriere dich intensiv auf dieses Thema. Betrachte es genau und finde heraus, wie sich das anfühlt. Stell dir vor, dass du dich in dieses Thema richtig verbeißt... (1 Minute)

Entlasse nun das Thema aus deiner geistigen Umklammerung. Beobachte es aus einem größeren Abstand und bemerke, was geschieht... Vielleicht stellst du dir vor, dass du auf einen kleinen Berg kletterst und von oben zuschaust, was zwischen dir und dem Thema stattfindet... wie sich das Thema entwickelt... (2 Minuten)

Und nun lass das Thema, das du betrachtet hast, weiter in den Hintergrund treten und spüre die Bewegungen deines Atems, wie er in dich hinein- und wieder hinausströmt. Genieße eine Weile die Ruhe, die du jetzt erlebst... (2 Minuten)

Komm nun langsam mit deiner Aufmerksamkeit hierher zurück, reck und streck dich ein wenig, atme einmal tief aus. Bewahre alles, woran du dich erinnern möchtest, in deinem Gedächtnis auf. Und wenn du bereit bist, öffne langsam die Augen und sei wieder hier, erfrischt und wach.

4 Der Akt des Sterbens

Menschen, die dem Tod sehr nahe waren, berichten, dass sie angesichts dieser Situation eine neue Erfahrung von Freiheit gemacht haben, die Erfahrung, über die Grenzen ihres Körpers hinausgehen zu können. Im Sterben staunen wir, dass wir diese Möglichkeiten im Leben vergessen konnten. Und wenn wir die Leichtigkeit erleben, mit der wir uns über unseren Körper erheben, fällt uns wieder ein, dass wir nicht identisch sind mit unserem Körper, dass wir das nie waren und nie sein werden. Wir entdecken die Neugier unseres Geistes. Wir haben keine Aufgaben mehr und keine Verpflichtungen und tauchen wieder ein in den Ozean des Lebens, aus dem wir einmal gekommen sind. Wenn wir zu dieser Einsicht gelangen, dann sehen wir den Tod auf neue Weise. Menschen, die aus einer Nahtod-Erfahrung zurückgekehrt sind, sprechen auch oft davon, dass sie sich nie so lebendig gefühlt haben wie in ihrer Todeserfahrung. Aus der Perspektive des Sterbens können wir eine neue Wertschätzung entwickeln und im Tod einen Lehrer entdecken, der uns in die Geheimnisse und die Wunder von Kosmos und Evolution einführt.

Anleitung

Bitte setz dich bequem hin und schließ die Augen. Gib deinem Körper die Erlaubnis, sich zu entspannen, und richte zunächst deine Aufmerksamkeit auf deinen Atem. Bemerke einfach, wie du atmest... Vielleicht stellst du fest, dass deine Art zu atmen sich ganz von selbst etwas ändert, ohne dass du dich dabei anstrengen musst...

Vielleicht hast du den Wunsch, deine Sorge um deine Vergänglichkeit zu lindern; vielleicht möchtest du deine Angst vor dem Tod abschwächen; vielleicht möchtest du in der Lage sein, dich lebendiger zu fühlen, um jeden Augenblick schätzen zu können. Wenn das so ist, dann kannst du mit deiner Aufmerksamkeit meinen Worten folgen und dich an vieles erinnern, von dem du vielleicht nicht weißt, dass du es weißt. Wir sprechen häufiger vom Wunder des Lebens und vergessen, dass es auch ein Wunder des Sterbens gibt...

Was geschieht, wenn wir sterben? Viele, die dem Tod einmal sehr nahe waren, berichten von einem Gefühl der Erleichterung, einem Gefühl der Ausdehnung, einem Empfinden des freien Schwebens. Wir entdecken, dass alles nicht so ist, wie es zu sein scheint. Jeder Schritt, mit dem unser Körper seine Arbeit einstellt, befreit etwas in uns. Jeder Schritt des Sterbens wird von dem Gefühl zunehmender Lebendigkeit begleitet. Je tiefer wir gehen, desto deutlicher erleben wir uns. Unbeweglichkeit ist das äußere Zeichen des Todes, aber die Zeichen von Starre verwandeln sich in das Gefühl von Freiheit, während unsere Schmerzen sich auflösen. Es ist, als legten wir einen schweren und zu engen Mantel ab.

Irgendwann stellt unser Kreislauf die Arbeit ein. Und während unsere Lebenskraft Abschied nimmt, gewinnen wir ein Empfinden leichten Fließens. Wir fühlen uns mehr wie der weite Ozean und nicht wie ein Fels. Unser Körper wird kälter und kälter, und unser Herz verwandelt die Wärme des Lebens in ein Licht, das oben unseren Kopf verlässt. Wir spüren, wie wir uns erheben... wie Wärme, die aus einem Feuer aufsteigt. Und wenn unser Körper steifer wird, verstärkt sich das Gefühl einer nie gekannten Leichtigkeit.

Und wenn wir die Schwelle des Todes überschritten haben, liegt vor uns eine grenzenlose Weite, ein Land unbegrenzter Möglichkeiten. Wir lassen unseren Körper zurück wie ein Stück Eis, das schmilzt. Wir verlieren die Grenzen unseres Körpers und kehren zurück in den Ozean des Lebens und in die Weite des Kosmos. Unsichtbar, aber spürbar füllen wir den Raum und sind präsent. Wie das schmelzende Eis wird sich unsere Gestalt verändern, aber unser Zentrum bleibt intakt. Das schmelzende Eis bleibt Wasser, und wir bleiben das, was immer schon unvergänglich in uns war.

Lass dir nun ein wenig Zeit, um dem Geheimnis des Sterbens deine eigenen Einsichten hinzuzufügen. Deine Liebe zum Leben kann auch das Wunder des Sterbens einschließen. Und vielleicht möchtest du alle diese Dinge in die Obhut deines Herzens geben, weil es dein bester Freund ist und am meisten davon versteht... (2 Minuten)

Nun komm behutsam zurück in dein Alltagsbewusstsein. Reck und streck dich ein wenig und atme einmal tief aus. Öffne die Augen und sei wieder hier, erfrischt und wach.

5 Das große Geheimnis

Unser Atem ist eine Metapher für die Kunst des Loslassens. Beim Einatmen lassen wir die Lebenskraft (naturwissenschaftlich gesprochen: den Sauerstoff) in uns hineinfließen, und wir trennen uns davon beim folgenden Ausatmen. Das Loslassen fällt uns leicht, weil wir darauf vertrauen, dass das nächste Einatmen unser Leben weitertragen wird.

Wenn wir die Angst vor dem Tod abschwächen wollen, dann kann uns das gelingen, wenn wir uns innerlich auf den Rhythmus von Festhalten und Loslassen einstellen. Dieser Rhythmus ist in vielen Bereichen unseres Lebens von größter Bedeutung. Wir geraten in Schwierigkeiten, wenn wir das Festhalten stärker betonen als unsere Bereitschaft loszulassen.

In der Meditation lernen wir, auf diesen Rhythmus zu vertrauen; Meditation hilft uns, loslassen zu lernen; sie macht uns Hoffnung, dass uns schon der nächste Atemzug ein Universum von neuen Möglichkeiten eröffnen wird.

Die folgende geleitete Phantasie ist keine naturwissenschaftliche Abbildung des Sterbeprozesses, aber sie skizziert wesentliche seelische Prozesse, wie sie z.B. von Menschen beschrieben werden, die eine Nahtod-Erfahrung gemacht haben. Sie kann den Teilnehmern eine Ahnung geben, was sie am Ende ihres Lebens erwarten dürfen, wenn sie bereit sind loszulassen.

Anleitung

Mach es dir auf deinem Platz bequem. Gib deinem Körper die Erlaubnis, sich zu entspannen, und richte zunächst deine Aufmerksamkeit auf deinen Atem. Bemerke einfach, wie du atmest... Vielleicht stellst du fest, dass deine Art zu atmen sich ganz von selbst etwas ändert, ohne dass du dich dabei anstrengen musst... Spüre, wie sich deine Augenlider schließen...

Wenn du dich jetzt auf deinem Platz ganz sicher fühlst, dann kannst du hier auf eine Reise gehen, bei der du nicht nur lernst, deine Angst loszulassen. Du wirst gleichzeitig bestärkt in deiner Hoffnung, dass sich dir immer neue Möglichkeiten eröffnen werden, im Leben wie im Sterben. Wenn diese Phantasiereise dein Herz erreicht hat, dann wirst du deinem Tod etwas gelassener entgegensehen können. Wie ein helles Licht, das in der Dunkelheit scheint.

Und wenn du ruhig dasitzt, kannst du die Schwere fühlen, die Festigkeit deines Körpers, und du spürst, wie die Schwerkraft deinen Körper nach unten zieht. Bemerke das Gewicht deines Leibes, der so oft den Wunsch hat zu liegen. Er ist nicht in der Lage, das eigene Gewicht ununterbrochen zu tragen.

Und in deinem schweren Körper kannst du eine Vielzahl von Wahrnehmungen bemerken. Sie spiegeln deine Beziehungen zur Außenwelt. Du empfindest Wärme und Kälte, Raues und Sanftes, Auf und Nieder, lauter Empfindungen, die zu unserem Missverständnis beitragen, wir wären unser Körper und nicht Gäste, die in ihrem Körper leben. Wie oft hast du geglaubt, dass du der Eigentümer dieses Körpers wärest. In Wahrheit ist er dir nur für eine begrenzte Zeit geliehen.

Mitten in deinem Körper aus Fleisch und Blut gibt es einen zeitlosen Punkt, in dem sich dein Bewusstsein konzentriert. Hier spürst du deine Lebenskraft.

Spüre diesen zeitlosen Punkt. Er vermittelt dir das Gefühl, präsent zu sein; er macht dir das Geschenk des Bewusstseins, das zeitlos ist und das niemand definieren kann. Aber wir können es immer erleben. Nur das, was wir definieren können, muss sterben. Die Wahrheit hat keinen Anfang und kein Ende.

Bemerke, wie jeder Atemzug durch deine Nase hereinströmt, und spüre, wie jeder Atemzug deinen Körper aus Fleisch und Blut mit jenem zeitlosen Punkt verbindet.

Mach nun jeden Atemzug so, als ob es dein letzter wäre. Versuche nicht, deinen Atem in deinem Körper einzusperren, lass ihn kommen und gehen. Jeder Atemzug ist der letzte, und lass auch den letzten Atemzug los...

Nun stell dir vor, dass der letzte Atemzug den Körper hinter sich zurücklässt. Die Verbindung zwischen deinem Körper und jenem zeitlosen Punkt wird getrennt. Dein Leben endet hier; du hast den letzten Atemzug gemacht.

Lass deinen letzten Atemzug in Frieden gehen und lass den zeitlosen Punkt deines Bewusstseins frei schweben; gestatte dir zu sterben und nichts festzuhalten; vertraue diesem Weg, den so viele vor dir gegangen sind. Er führt dich ins Freie. Lass deinen Körper hinter dir zurück und folge dem Licht, das du nun vor dir siehst.

Dein letzter Atemzug ist ins Freie geströmt, und du kannst ihm folgen. Lass deinen Körper liegen, wo er ist, und geh weiter. Du warst nie nur dein Körper. Lass es vor dir hell werden und geh in das Licht hinein. Dieses Licht gehört dir, und du brauchst keine Angst vor der Helligkeit zu haben. Lass alles hinter dir zurück, was dich von deiner Bestimmung abhält. Lass auch dein Herz schmelzen in das große Herz des Kosmos. Alles, was du bisher gewesen bist, verwandelt sich in das, was du wirklich bist.

Verlasse ganz sanft deinen Körper und dehne dich aus. Du spürst, wie das Gefühl der Schwere abnimmt und wie das Empfinden von Glück zunimmt. Immer weiter gehst du in die Unendlichkeit des Seins, aus dem alles hervorgeht und in das alles zurückkehrt.

Spüre, wie sich deine Grenzen auflösen, wie alles Eckige, Kantige schmilzt. Bemerke das Glück, das du dabei empfindest, wenn sich dein Licht mit dem Licht der Unendlichkeit verbindet.

Lass all dein Wissen los und all deine Unwissenheit; sei einfach präsent; lass alles, was hell ist in dir, dem Pfad des Lichtes folgen. Du musst niemanden um Rat fragen; es ist genug, wenn du deinem Licht folgst; es kennt den Weg.

Lass auch deinen Namen los; lass dein Gesicht los; lass das Bild los, das andere von dir hatten, und ströme frei in die Unendlichkeit.

Mit dem Gefühl der Dankbarkeit und mit einem einzigen Seufzer kannst du deinen Körper hinter dir zurücklassen mit allem, was du dir früher einmal erträumt hast.

Bemerke, wie auch dein Gefühl der Sicherheit zunimmt, wie eine Geborgenheit entsteht, die du im Leben vielleicht nie gekannt hast. Lass alles Wissen und Verstehen hinter dir zurück und reise weiter auf den Flügeln deiner Intuition. Geh weiter hinein in die Unendlichkeit, in der alle deine Gedanken aufgehoben sind. Lass los und geh weiter ins Licht. Sieh, wie das Licht um dich herum pulsiert. Spüre, wie du sanft von der Unendlichkeit getragen wirst und sei freundlich mit dir selbst. Gestatte dir loszulassen. Finde deinen Platz im Herzen der Unendlichkeit, das keine Grenzen hat, aber genauso wirklich ist wie du selbst... (1 Minute)

Bemerke nun, dass aus weiter Ferne irgendetwas langsam, ganz langsam auf dich zukommt. Es ist der erste Atem des Lebens.

Und mit dem Atem kommt auch ein neuer Körper. Mit der Ankunft einer neuen Inkarnation spürst du, dass das Licht schwächer wird. Versuche einfach, wach zu bleiben, während du Schritt für Schritt zurückkehrst.

Jeder Atemzug ist der erste... Jeder Atemzug ist ganz neu...

Gestatte dir, neu geboren zu werden. Und während du wieder Platz findest in einem Körper, kannst du erforschen, was jetzt geboren wird und was nie stirbt... Lass deine Geburt zum Segen werden für alles, was lebt... Lass dein Bewusstsein wieder in einen Körper aus Fleisch und Blut zurückkehren... Deine Geburt gibt dir das Recht, neugierig zu sein. Mit deiner Geburt verbindet sich die Liebe zu der Welt, der du begegnest.

Jeder Atemzug ist kostbar, denn er gestattet deinem Bewusstsein im Gefäß deines irdischen Körpers zu bleiben.

Mit deiner Wiedergeburt entdeckst du die Heilung, die du so lange gesucht hast, und du folgst den Spuren derjenigen, die Weisheit und Mitgefühl verkörpert haben. Das ist nicht einfach, aber segensreich, und vielleicht wünschst du dir und allen anderen zwei Dinge: dass wir nicht vergessen, dass wir sterben müssen, und dass wir in unserem Herzen die Kraft der Liebe hüten...

Und nun hast du noch einen Augenblick Zeit, um mit oder ohne Worte das auszudrücken, was du dir für dich selbst und die Welt wünschst... Bewahre alles, was du nicht vergessen möchtest, in deinem Gedächtnis auf und komm mit deinem Bewusstsein hierher zurück. Reck und streck dich ein wenig, atme einmal tief aus und öffne die Augen in deinem eigenen Rhythmus. Sei wieder hier, erfrischt und wach.

6 Frühe Erinnerungen

Unsere Angst vor dem Tod beginnt meist in der Kindheit. Die meisten Eltern sind nicht in der Lage, die Kinder angemessen zu trösten, wenn sie das erste Mal Bekanntschaft mit dem Tod machen. In der Adoleszenz setzen wir uns dann erneut mit dem Tod auseinander und versuchen, mit diesen beunruhigenden Gefühlen fertig zu werden. Wir versuchen, eine symbolische Unsterblichkeit zu gewinnen, und viele fassen Ziele ins Auge, die von der Bedrohung durch den Tod ablenken können – Beliebtheit, Reichtum, Berühmtheit, Macht oder auch Unterstützung für Schwächere.

Die folgende Phantasie gestattet es den Teilnehmern, ihre Angst vor dem Tod ins Auge zu fassen und aus einer neuen Perspektive zu sehen. Wir versuchen dabei, die Todesangst als etwas ganz Natürliches zu sehen. Wir können dem Tod nicht ausweichen, aber wir können versuchen, uns ruhig mit ihm auseinanderzusetzen.

Anleitung

Mach es dir auf deinem Platz bequem. Schließe die Augen. Kopf, Nacken und Wirbelsäule sollen eine gerade Linie bilden... So wird es dir leichter fallen, tief und erfrischend zu atmen und deinen ganzen Körper zu spüren... Mit jedem Atemzug sorgst du für dein physisches Selbst. Du versorgst alle Teile deines Körpers mit Sauerstoff und erleichterst deinen Organen ihre Arbeit. Dein Blut strömt ruhig, dein Gehirn gelangt leichter in einen Zustand entspannter Wachheit...

Während du meinen Worten folgst, kannst du mit deinem Bewusstsein weit zurückgehen, in deine Kindheit. Gestatte dir, dich zu erinnern, wie du dich gefühlt hast, als du sehr jung und naiv warst... Lass dir irgendeine Situation aus der Vergangenheit einfallen, in der du der Realität des Todes begegnet bist. Vielleicht hast du einen Film gesehen, in dem deine Aufmerksamkeit auf den Tod gelenkt wurde; vielleicht hast du den Tod eines Haustiers erlebt, oder ein Nachbar, ein Verwandter oder Freund ist gestorben. Wenn nun verschiedene Erinnerungen an den Tod in dir aufsteigen, dann entscheide dich für eine, die du gern näher erforschen möchtest.

Gestatte dir ein paar tiefe Atemzüge und versetze dich zurück in diese frühe Situation. Du weißt, dass du hier ganz sicher und geschützt sitzt, so dass du dich in aller Ruhe erinnern kannst.

Sieh ganz deutlich, was in dieser Situation geschieht. Erinnere dich an alle Einzelheiten, an den Ort, an den Zeitpunkt, an die äußeren Umstände... Ist irgendjemand bei dir? Wenn das so ist, was fühlen diese Menschen?... Wie stellen sie sich auf dich ein? Trösten sie dich? Erklären sie dir etwas? Sprechen sie über die eigenen Gedanken und Gefühle?...

Und wenn du allein bist, wie erlebst du dann diese Situation? Was denkst du? Was fühlst du?... Beschließt du, mit irgendjemandem über dein Erlebnis zu sprechen?...

Erinnere dich auch, welche Einstellung deine Eltern oder die anderen Erwachsenen in deiner Familie zum Tode hatten. Sprachen sie darüber? Ließen sie ihrer Trauer freien Lauf? Waren sie pragmatisch und vertraten sie die Meinung, dass mit dem Tode alles zu Ende ist? Glaubten sie an irgendeine Art von Unsterblichkeit?...

Nun kehre wieder zurück zu der Situation, in der du zum ersten Mal dem Tod begegnet bist. Versuche herauszufinden, wie du dieses Ereignis gedeutet und was du empfunden hast... (1 Minute)

Konzentriere dich nun auf deinen Körper. Kannst du irgendeine Empfindung bemerken, die ein Echo ist auf dieses frühe Erlebnis?... In welchem Teil deines Körpers spürst du diese Empfindung am deutlichsten?... Vielleicht ist es dir möglich, dieser Empfindung irgendeine Gestalt oder Form zu geben. Vielleicht kannst du sie sogar farbig sehen und herausfinden, wie sie sich anfühlt... Und nun lass aus dieser Gestalt irgendein Bild oder Symbol entstehen... Warte geduldig ab, welches Symbol vor deinem inneren Auge aufsteigt. Vielleicht ist dieses Symbol abstrakt; vielleicht siehst du etwas Konkretes. Lass dem Bild Zeit, sich zu entwickeln... Du musst dieses Bild jetzt nicht verstehen oder interpretieren. Vielleicht bist du überrascht über das, was du siehst. Vielleicht bist du sogar etwas erschrocken oder vielleicht empfindest du sogar eine gewisse Erleichterung. Bewahre das Bild in deiner Erinnerung auf, damit du anschließend eine kleine Skizze dazu anfertigen kannst...

Kehre jetzt mit deinem Bewusstsein hierher zurück, reck und streck dich und atme einmal tief aus. Öffne in deinem Rhythmus die Augen und sei wieder hier, erfrischt und wach.

Nimm nun ein Blatt Papier und Wachsmalstifte und zeichne dein Symbol. Vielleicht stellst du fest, dass sich das Symbol beim Zeichnen etwas verändert; vielleicht gibt es noch andere Dinge, die du zusätzlich malen möchtest. Male, was immer dir einfällt. Mach dir keine Sorgen darum, wie korrekt oder wie schön du malst. Das Einzige, was zählt, ist, dass dieses Bild für dich eine Bedeutung hat.

Und wenn du mit deinem Bild fertig bist, identifiziere dich einen Augenblick mit deinem Symbol. Beschreibe dich dann in der ersten Person Einzahl als dieses Symbol. Gib deinem Symbol eine Stimme.

Wenn du magst, schreib diesen Monolog auf und entwickle daraus eine kurze Geschichte. Lass dich überraschen, was dir dazu einfällt.

7 Nachdenken über den Tod

Täglich bekommen wir Informationen über den Tod. Wir erfahren, wo überall in der Welt sich ein tödliches Unglück ereignet hat, wo Kriege wüten oder wo Epidemien oder Naturkatastrophen Menschen in den Tod gerissen haben. Aber diese Informationen helfen uns nicht, unser Wissen über den Tod zu vertiefen.

Das Nachdenken über den Tod ist eine traditionelle Übung, die in vielen Religionen Platz gefunden hat. In dieser Übung folgen wir buddhistischen Quellen, die diesem Thema besonders große Aufmerksamkeit geschenkt haben. Wir beschäftigen uns vor allem mit zwei Charakteristika des Todes, nämlich mit seiner Universalität – alles, was lebt, ist vergänglich – und mit seiner Unvorhersehbarkeit – niemand weiß, wann der Tod an seine Tür klopft.

Wenn wir das Wesen des Todes in Ruhe betrachten, dann werden unsere Hoffnungen und Befürchtungen deutlicher.

In unserem Alltag werden wir beständig an die Vergänglichkeit erinnert. Wir müssen feststellen, dass wir immer wieder Abschied nehmen müssen, dass wir Verluste erleiden, dass uns die Instabilität des Lebens oft schmerzt. Wir fühlen uns verletzlich. Wenn es uns gelingt, diese Verletzlichkeit zu akzeptieren, dann werden wir innerlich ruhiger; wir sind besser in der Lage, jeden Tag neu zu erleben und zu genießen; wir werden unseren Mitmenschen gegenüber hilfsbereiter und freundlicher.

Anleitung

Bitte setz dich bequem hin und schließ die Augen. Gib deinem Körper die Erlaubnis, sich zu entspannen, und richte zunächst deine Aufmerksamkeit auf deinen Atem. Bemerke einfach, wie du atmest... Vielleicht stellst du fest, dass deine Art zu atmen sich ganz von selbst etwas ändert, ohne dass du dich dabei anstrengen musst...

Lass dir einen Augenblick Zeit, um mit deiner Aufmerksamkeit in deinem Körper herumzuwandern, um jene Stellen aufzuspüren, die angespannt sind. Schenke diesen Stellen Entspannung, indem du deinen warmen Atem dorthin schickst... Und lass beim Ausatmen die Anspannung aus deinem Körper hinausfließen, so dass du dich von Augenblick zu Augenblick ruhiger und lockerer fühlst...

Beginne diese Meditation damit, dass du die folgenden Feststellungen drei Mal schweigend wiederholst. Du kannst sie wörtlich wiederholen, aber du kannst auch deine eigenen Worte benutzen. Und während du diese Sätze sprichst, bemerke, welche Gefühle in dir aufsteigen und welches Echo dir dein Körper gibt:

«Der Tod ist eine Tatsache.
Der Tod kommt ohne Warnung.
Niemand entgeht dem Tod.
Auch mein Körper ist sterblich.»

Denke nun an jemanden, der vor kurzem gestorben ist oder der vielleicht im Sterben liegt. Bemerke, welche Gefühle von diesen Gedanken wachgerufen werden; bemerke die Trauer, die du fühlst, wenn du Menschen verlierst, die du liebst; bemerke auch die Erleichterung, die du spürst, wenn du jemanden verlierst, den du nicht gemocht hast; bemerke das innerliche Aufatmen, wenn jemand stirbt, der zu einer schweren Bürde geworden ist; bemerke auch deine Gleichgültigkeit, wenn Menschen sterben, die du persönlich nicht kennst oder an denen dir wenig liegt... (1 Minute)

Denke jetzt an deinen eigenen Tod. Es ist sicher, dass auch du sterben wirst. Stell dir vor, dein Tod stünde in naher Zukunft bevor. Was würdest du tun, wenn du weißt, dass du nur noch ein Jahr zu leben hättest?... Wozu würdest du dich entschließen, wenn du nur noch einen Monat zu leben hättest?... Welche Konsequenzen würdest du ziehen, wenn du damit rechnen müsstet, nur noch einen Tag zu erleben?... Wie fühlst du dich bei diesen Überlegungen? Kannst du Erleichterung bemerken? Kannst du Trauer spüren? Steigt Ärger in dir auf? Kannst du etwas in dir entdecken, das es dir leichter macht, die Realität deines Todes zu akzeptieren?... (1 Minute)

Und nun denke an die Freunde, die du schon verloren hast, und an jene, die du in naher Zukunft verlieren wirst, denn du wirst sie alle verlieren; denk an deine Besitztümer, die du mit Sorgfalt erworben hast, denn in den Tod kannst du nichts davon mitnehmen; denke an die Projekte, die du niemals beenden wirst; denke an die Orte, die du niemals sehen wirst, an die Antworten, die du niemals bekommen wirst... (1 Minute)

Denke jetzt an deinen Körper und mach dir klar, wie er älter wird. Und auch wenn du gut für deinen Körper sorgst, wirst du ihn eines Tages verlieren. Dein Körper wird alt und steif, und am Ende wird dein toter Körper verbrannt oder in der Erde begraben... (1 Minute)

Mach dir bewusst, dass der Tod zu jedem kommt – reich oder arm, berühmt oder unbekannt, weise oder töricht – alles was lebt, geht auf den Tod zu. Und denke daran, wie sehr sich alle Lebewesen anstrengen – große und kleine – um am Leben zu bleiben...

Alle Formen des Lebens sind zerbrechlich. Ein kleiner Fehler kann das Ende des Lebens bedeuten. Eine winzige Veränderung in der Umwelt kann dazu führen, dass eine ganze Spezies verschwindet. Erinnere dich an die Gelegenheiten, wo der Tod dir über die Schulter blickte und wo nur Glück dein Leben rettete. Kannst du deine Verletzlichkeit akzeptieren?... (1 Minute)

Denke nun daran, wie überraschend der Tod oft kommt. Du weißt nicht, wie lange dein Leben dauern wird. Du kannst auch nicht wissen, auf welche Art und Weise du sterben wirst, und es ist dir verborgen, wer bei dir sein wird, wenn deine letzte Stunde geschlagen hat – ob deine Freunde bei dir sind oder Fremde... (1 Minute)

Mach dir klar, wie kurz dein Leben ist und wie schnell es vorbeigeht. Denke an die vielen Lebewesen, deren Lebenszeit noch kürzer ist als deine eigene; denke an all die Lebewesen und Menschen, deren Leben verlischt, während du hier über den Tod nachdenkst... (1 Minute)

Nun stell dir vor, du bist am Ende deines Lebensweges angekommen und erwartest deinen Tod innerhalb der nächsten Tage. Wie wird das für dich sein, mit Gewissheit zu wissen, dass der Tod nicht länger ein Traum ist, sondern Realität?...

Stell dir nun vor, dass dein Tod nicht erst in ein paar Tagen stattfinden wird, sondern dass er heute kommt, innerhalb von Stunden. Kannst du dir vorstellen, auf welche Weise du deinen Tod begrüßt?...

Nun ist dein Tod ganz nahe gekommen und du tust deinen letzten Atemzug. Sei dir bewusst, wie kurz dieser Augenblick ist... (1 Minute)

Und nun achte einen Augenblick darauf, dass du bequem auf deinem Platz sitzt und spüre jeden Atemzug... Spüre, wie lebendig sich das anfühlt, wie dein Atem sich in dem Raum auflöst, der dich umgibt. Bemerke die kleine Pause, wenn ein Atemzug endet und der nächste noch nicht begonnen hat... Spüre die unglaubliche Kraft des Lebens, den Rhythmus, in dem ein neuer Atemzug auf den alten folgt... Spüre auch, wie du mit jedem Atemzug an deinen eigenen Tod erinnert wirst, mit jedem Atemzug, den du machst... Spüre die Ruhe und spüre diesen einfachen Tanz von Leben und Tod, von Tod und Leben während du atmest... (1 Minute)

Vielleicht kannst du dir jetzt selbst danken, für deinen Mut, mit dem du Leben und Sterben untersucht hast; vielleicht hast du einen wichtigen Schritt gemacht und kannst den Tod als Teil des Lebens leichter akzeptieren; vielleicht sind Verluste für dich jetzt leichter hinzunehmen, weil du dir klar gemacht hast, dass wir alle dasselbe Schicksal teilen.

Und je häufiger du dir Zeit nimmst, dich mit dem Tod anzufreunden, desto mehr wird sich deine Todesangst in Freude am Leben verwandeln.

Wiederhole nun wiederum drei Mal schweigend die Sätze, die du jetzt von mir hörst. Du kannst auch deine eigenen Formulierungen verwenden (1 Minute): «Ich wünsche mir, dass ich meinem Tod ohne Angst begegnen kann. – Ich bin bereit, anderen bei diesem schwierigen Übergang beizustehen. – Ich wünsche mir, dass ich niemals vergesse, wie kostbar das Leben ist.»

Kehre nun mit deinem Bewusstsein wieder hierher zurück. Bewahre alles, was du nicht vergessen möchtest, in deinem Gedächtnis auf. Reck und streck dich ein wenig und atme einmal tief aus. Dann öffne in deinem eigenen Rhythmus die Augen und sei wieder hier, erfrischt und wach.

8 Lebensrückschau

Menschen, die auf der Schwelle des Todes gestanden haben, berichten, dass sie ihr ganzes Leben vorbeiziehen sahen, Erfolge und Niederlagen, verpasste Chancen und nicht gegangene Wege. Oft sind sie erstaunt, wie viel sie vergessen zu haben glaubten und wie viel noch in der Erinnerung lebte.

Wir müssen nicht auf eine Nahtod-Erfahrung warten, um in unserem Leben Korrekturen vorzunehmen. Wir können offene Rechnungen begleichen, solange wir die Kraft dazu haben. Unser Herz reagiert empfindlich auf Unerledigtes. Es leidet daran, wenn wir Freunde und Lehrer nicht geehrt haben, wenn wir unseren Dank zurückgehalten haben oder nicht bereit waren, anderen zu vergeben bzw. selbst um Verzeihung zu bitten.

Wenn wir unser Leben betrachten, dann staunen wir wahrscheinlich immer wieder, wie häufig wir anderen oder uns selbst etwas schuldig geblieben sind. Vielen haben wir nicht von Herzen Adieu gesagt, vielen haben wir unseren Dank vorenthalten. Und häufig stoßen wir auf schmerzliche Erinnerungen. Wir erinnern uns an die Menschen, die uns verletzt haben und denen wir nicht vergeben haben. Wir erinnern uns an die Menschen, die wir selbst enttäuscht haben, Menschen, bei denen wir noch etwas gutzumachen haben.

Diese Lebensrückschau muss häufiger wiederholt werden, damit uns leichter ums Herz werden kann, damit wir das ganze Spektrum unserer Gefühle neu erleben und dankbar auf unser gesamtes Leben zurückschauen können. Der Rückblick auf unser Leben macht unser aktuelles Leben reicher. Alter Groll kann sich auflösen, die Last alter Schamgefühle wird leichter, und Dankbarkeit kann bewirken, dass wir unsere Gegenwart intensiver erleben.

Oft ist die Angst vor dem Sterben begleitet von der Furcht vor Strafe. Wenn wir unsere Fehler und Versäumnisse aufmerksamer betrachten, dann werden wir auch Mitgefühl und Verständnis für uns selbst entwickeln. Wir sehen uns dann sozusagen durch die Augen Gottes, und die Angst vor einem strafenden Gott wird geringer. Und noch etwas kann die Lebensrückschau bewirken: Wir entdecken, wie sehr unsere Erinnerung geprägt ist durch unser Selbstbild und durch unser altes Lebenskonzept. Indem wir das Buch unseres Lebens noch einmal lesen, entdecken wir die Möglichkeit, eine neue Philosophie des Lebens zu entwickeln, die mehr Raum hat für Einfühlungsvermögen und Liebe.

Anleitung

Bitte setz dich bequem hin und schließ deine Augen. Gib deinem Körper die Erlaubnis, sich zu entspannen, und richte zunächst deine Aufmerksamkeit auf deinen Atem. Bemerke einfach, wie du atmest... Vielleicht stellst du fest, dass deine Art zu atmen sich ganz von selbst etwas ändert, ohne dass du dich dabei anstrengen musst...

Lass dir einen Augenblick Zeit, um mit deiner Aufmerksamkeit in deinem Körper herumzuwandern, um jene Stellen aufzuspüren, die angespannt sind. Schenke diesen Stellen Entspannung, indem du deinen warmen Atem dorthin schickst... Und lass beim Ausatmen die Anspannung aus deinem Körper hinausfließen, so dass du dich von Augenblick zu Augenblick ruhiger und lockerer fühlst...

Beginne deine Lebensrückschau damit, dass du an jemanden denkst, dessen Hilfsbereitschaft und Freundlichkeit deinem Herzen wohl getan hat. Stell dir vor, dass du mit diesem Menschen sprichst. Sag ihm, was er für dich bedeutet. Schick ihm deine Dankbarkeit, als ob eure Herzen miteinander verbunden wären. Danke ihm. Wenn alles gesagt ist, sag Adieu. Sag dein Adieu so, als ob du dieser Person nie wieder begegnen würdest, auch nicht in der Erinnerung... (1 Minute)

Erinnere dich nun an alle, die dir wichtig waren, an Freunde, Lehrer, Eltern, Vorfahren, an alle, die du geliebt hast, auch an die Tiere, die dir nahe standen. Lass jeden, der dir etwas bedeutet hat, in der Erinnerung zu dir kommen und sage ihm, wie sehr du seine Liebe und Fürsorge geschätzt hast. Umgib sein Bild mit Dankbarkeit, und wenn Liebe den Raum zwischen euch füllt, dann ist es Zeit, Adieu zu sagen, als ob es für immer wäre. Und bemerke, wie bei jeder Unterhaltung eine innere Veränderung stattfindet, so dass du den Abschied weniger als Trennung erlebst und mehr als eine Vollendung. Nimm dir ein paar Minuten Zeit, um deine Dankbarkeit auszudrücken... (3 Minuten)

Nun wende deine Aufmerksamkeit jenen besonderen Augenblicken und Ereignissen aus deiner Vergangenheit zu, für die du Dankbarkeit empfindest. Lass die Szenen wieder lebendig werden; genieße das Glück erneut und lass die Schönheit des Augenblicks dein Herz wärmen. Dann drück deinen Dank aus; sag Adieu und schau nicht länger zurück. Du hast wieder ein paar Minuten Zeit, um deinen Dank abzustatten. Sei dir bewusst, dass du im Augenblick nicht in der Lage bist, all das Gute, das dir widerfahren ist, zu berücksichtigen. Gestatte dir darum eine Auswahl... (2 Minuten)

Denke nun an jemanden, der dich schlecht behandelt hat, jemanden, dem du noch grollst... Bemerke nun, wie weit diese Person ihrem eigenen Herzen entfremdet war, dass sie dich so behandelt hat; wie taub, wie erschreckt, wie bedürftig muss dieser Mensch damals gewesen sein. Und nun kannst du ein Experiment wagen und die Möglichkeit der Vergebung in Betracht ziehen. Bemerke, wie du dich dabei fühlst; bemerke auch, wie sich dein Herz danach sehnt, alten Kummer loszulassen. Öffne die Faust, in der diese Erinnerung festgehalten wird. Vielleicht ist dein Herz bereit zu verzeihen.. Du kannst die Großzügigkeit deines Herzens noch unterstützen, wenn du daran denkst, dass Vergebung unteilbar ist. Sie spricht denjenigen frei, dem vergeben wird, und denjenigen, der bereit ist zu vergeben. Und während du diese Erinnerungen in dir aufsteigen lässt, sorge weiter dafür, dass dein Körper locker bleibt. Schick deinen Atem zu den Stellen, die sich verspannen oder die Schmerz empfinden. Und wer immer dir Unrecht getan hat, den wirst du jetzt besser verstehen. Vergib ihm seine Schwäche und seine Arroganz. Geh mit deiner Großzügigkeit nur so weit, wie du es vermagst, ohne dich zu zwingen. Dann sag Adieu und lass die Person gehen. Vielleicht möchtest du sie irgendwann wieder zu dir einladen, um ihr noch vollständiger zu verzeihen... (3 Minuten)

Und nun komm bitte mit deiner Aufmerksamkeit hierher zurück. Bewahre alles, was du nicht vergessen möchtest, in dir auf. Reck und streck dich ein wenig; hol einmal tief Luft und stell dir vor, dass du direkt in dein Herz hineinatmest. Der erste Atemzug eines neuen Lebens. Und nun öffne in deinem eigenen Rhythmus die Augen und sei wieder hier, erfrischt und wach.

9 Mit dem Herzen sehen

Wenn wir uns klar machen, dass wir alle sterben müssen, dann können wir daraus zwei verschiedene Konsequenzen ziehen. Wir können die Kraft unseres Geistes mobilisieren, um Wege zu finden, wie wir unser Überleben sichern und unser kostbares Leben so weit wie möglich verlängern können. Diese uns selbst schützenden Manöver schließen uns jedoch leicht von unseren Mitmenschen ab und schränken unsere Experimentierfreude ein. Aber wir haben auch eine andere Option: Wir können uns dafür entscheiden, das Leben, uns selbst und insbesondere die Menschen, denen wir begegnen, mit unserem Herzen zu betrachten. Wir selbst und jeder, den wir treffen, wird eines Tages sterben. Diese Tatsache kann ein kräftiger Weckruf sein, unsere Beziehungen zu verändern. Wenn wir wissen, dass unsere Zeit auf Erden kostbar und begrenzt ist, können wir es uns nicht leisten, nicht mit unserem Herzen zu sehen. Wir können die Zeit nicht mit kühlen Beobachtungen vergeuden, wenn wir die Gelegenheit haben, unser Herz für andere zu öffnen. Wenn wir lernen, mit dem Herzen zu sehen, können wir gar nicht anders, als uns in das Leben zu verlieben.

Zum Glück wissen die meisten Menschen, wie das geht. Wenn sie ihr neugeborenes Kind zum ersten Mal anschauen, wenn sie in die Augen eines geliebten Menschen schauen, dann sehen sie mit ihrem Herzen. Leidenschaftliche Liebe löscht unverbindliche Neugier und kritische Analyse aus. Sie gestattet es uns, unser Gegenüber vollständig zu akzeptieren. Für eine Weile wenigstens schließen wir das Auge, das immer beurteilen möchte, und öffnen uns für die Schönheit und die Würde des anderen. Wir sehen mit dem Herzen, wenn wir uns gestatten, unseren eigenen Rhythmus mit dem des anderen zu synchronisieren. Wenn wir in demselben Rhythmus atmen, wenn wir im selben Rhythmus tanzen oder Musik machen, dann können wir eine Verbindung erleben, die wir nicht vergessen. Solche magischen Augenblicke können häufig genossen werden – in der Kunst, im Sport, im Dialog und wenn wir gemeinsam lachen.

In dieser Übung führen wir die Teilnehmer in eine leichte Trance, um sie anzuleiten, mit dem Herzen zu sehen.

Anleitung

Bitte such dir einen Partner, auf den du neugierig bist und setz dich ihm gegenüber hin, in einem Abstand, der dir angenehm ist. In dieser Übung musst du nicht sprechen; du kannst etwas machen, was du wahrscheinlich selten tust, aber vermutlich hast du es hin und wieder in deinem Leben praktiziert. Du kannst dir dabei ein besonderes Geschenk machen und erleben, wie du die Grenzen deiner Person vergessen kannst.

In den nächsten Minuten kannst du deine Augen offen halten oder schließen, wie du es für richtig hältst. Du hast nur eine einzige Aufgabe: deinen Partner nur mit deinem Herzen zu betrachten. Wenn du bemerkst, dass du deinen Partner oder dich selbst beurteilst, dann siehst du nicht mit deinem Herzen. Finde dann bitte irgendetwas, das dein Herz wieder öffnet bei der Betrachtung des Partners...

Vielleicht musst du dir vorstellen, wie dein Partner als kleines Kind war oder wie er sein wird, wenn er ein hohes Alter erreicht hat. Vielleicht bist du auch in der Lage, dir vorzustellen, wie dein Partner mit seinen Kindern zusammen ist. Vielleicht ist es hilfreich, wenn du dir eine Situation vorstellst, in der dein Partner größte Entbehrungen erleidet und Nahrung und Wasser braucht... Vielleicht ist dein Partner ein Engel, der Menschengestalt angenommen hat...

Stell dir vor, dass dieser Mensch eines Tages das Leben von jemandem rettet, den du sehr liebst – vielleicht dein Kind, deinen Partner oder deinen besten Freund...

Erinnere dich daran, dass wir in unseren tiefsten Wünschen alle gleich sind – niemand möchte leiden und jeder sucht das Glück. Wenn du dir das bewusst machst, dann kannst du Mitgefühl empfinden, um über diese Brücke den anderen zu erreichen... Tu, was immer notwendig ist, um dein Bewusstsein zurück in dein Herz zu führen, so dass du die Verletzlichkeit des anderen empfinden kannst und seine Verwandtschaft mit dir...

Lass dein Improvisationstalent spielen, um deinem Partner auf verschiedene Weise nahe zu sein und ihn aus der Perspektive deines Herzens zu betrachten... (2 Minuten)

Schließe jetzt bitte für einen Moment die Augen und gestatte dir den Luxus, dich selbst einen kurzen Augenblick mit dem Herzen zu betrachten... Was empfindest du dabei? Was möchtest du dir selbst sagen?... (1 Minute)

Komm jetzt mit deiner Aufmerksamkeit zurück. Bewahre in deinem Gedächtnis auf, was du nicht vergessen möchtest. Streck dich ein wenig und atme einmal tief aus. Öffne in deinem eigenen Rhythmus die Augen und sei wieder hier, erfrischt und wach.

Du hast jetzt fünf Minuten Zeit, um dich mit deinem Partner auszutauschen.

10 Der Tod als Ratgeber

Die humanistische Psychologie fordert uns auf, unser Todesbewusstsein in das Alltagsleben zu integrieren. Sie weist darauf hin, dass nur die Bereitschaft, sich auf das Unbekannte einzulassen, uns die innere Freiheit gibt, spontan und kreativ zu leben. Laura Perls hat diesen Zusammenhang sehr schön beleuchtet:

«Je schärfer dieses Bewusstsein ist, desto größer ist das Bedürfnis, etwas Neues zu schaffen und Anteil zu haben an der ewigen Kreativität der Natur. Nur so entsteht aus Sex Liebe; aus der Masse eine Gesellschaft; aus Weizen und Obst Brot und Wein; und aus Tönen Musik. Das macht das Leben lebenswert...»

In seinem Buch «Lebe dein Sterben» verbindet der Bildhauer und Körpertherapeut Stanley Keleman den Tod mit all den Abschieden und dem «kleinen Tod», dem wir immer wieder im Leben begegnen. Wenn wir Tod und Verluste verleugnen und keinen Raum lassen für Kummer und Gram, dann wird unser Leben langweilig, und wir bringen uns selbst um die Chance, die Gegenwart intensiv zu erleben. Er lehnt die weit verbreitete Haltung ab, den Tod als Feind zu betrachten, der überwunden werden muss. Keleman fordert seine Leser auf, neue Todesmythen zu erfinden, wenn sie neue Perspektiven für ihr Leben finden möchten.

Der Anthropologe Castañeda ist dieser Empfehlung gefolgt. In «Die Reise nach Ixtlan» weist der Schamane Don Juan darauf hin, dass der Tod unser ständiger Begleiter ist. Wenn wir daran denken, dass der Tod uns folgt, dann kann uns das von unserer Selbstüberschätzung, von unserem Geschwätz und unserem naiven Glauben befreien, uns selbst oder die Welt vollkommen verstehen zu können: «Der Tod ist der einzige weise Ratgeber, den wir haben.»

In dieser Übung benutzen wir Castañedas Gedanken für eine intensive Imagination.

Anleitung

Bring dich in eine möglichst bequeme Position. Rück ein bisschen hin und her, damit dein Körper das Gefühl hat, ganz bequem gehalten zu werden auf deinem Stuhl oder auf dem Boden. Achte darauf, dass Kopf, Nacken und Wirbelsäule eine gerade Linie bilden.

Und nun hol einmal tief und erfrischend Luft... Atme so tief ein, wie du kannst... ganz tief hinab in deinen Bauch... dann atme ganz kräftig wieder aus...

Und wenn du wieder einatmest, dann schicke die Wärme deines Atems zu den Teilen deines Körpers, die angespannt sind, die sich kalt fühlen, die schmerzen. Und lass die Anspannung beim Ausatmen mit deinem Atem nach draußen fließen...

Spüre wie dein Atem zu allen Stellen in deinem Körper geht, die angespannt oder hart sind, und wie er sie locker macht, weich und warm... und dann fließen alle Spannungen mit dem Atem hinaus... so dass du dich immer sicherer und behaglicher, entspannter und leichter fühlen kannst, indem du einfach zuschaust, wie dein Atem deinem Körper wohl tut...

Und wenn dir irgendwelche störenden Gedanken in den Sinn kommen, dann kannst du auch sie mit dem Atem nach draußen fließen lassen... so dass dein Geist einen Augenblick ganz leer ist, für einen winzigen Augenblick ein freier und ruhiger Raum, dessen Stille du genießen kannst wie die Ruhe eines schönen Gartens...

Nun stell dir vor, dass du ein sehr altes, großes Haus betrittst, das zur Zeit nicht bewohnt wird... Geh durch alle Räume und bemerke die alten Möbel, Gemälde, Tapeten und Lampen...

Dann geh eine Treppe nach oben und wandere durch die verschiedenen Schlafzimmer, die es auf diesem Stockwerk gibt...

Auf dem großen Flur bemerkst du einen violetten Vorhang, der eine schwere Holztür zum Teil verdeckt. Zieh den Vorhang zur Seite und öffne die Tür. Jetzt kannst du eine Treppe erkennen, auf deren Stufen dichter Staub liegt. Offensichtlich ist die Treppe lange Zeit nicht benutzt worden...

Du zögerst einen Augenblick und fragst dich, ob du berechtigt bist, in diesen geheimen Teil des Hauses vorzudringen. Doch Geheimnisse haben dich schon immer angezogen...

Langsam gehst du die Treppe nach oben... Die hölzernen Stufen knarren unter deinem Schritt. Je weiter du nach oben kommst, desto deutlicher hörst du ganz leise eine Melodie, die du vor langer Zeit sehr geliebt hast. Du kannst dir nicht erklären, woher diese Musik kommt, und du entschließt dich, dieses merkwürdige Ereignis einfach hinzunehmen, weil die Klänge dich an früheres Glück erinnern...

Oben findest du eine Tür, die nicht verschlossen ist. Du öffnest sie und stehst in einer Bibliothek, deren Regale voller Bücher sind. Durch verschiedene Fenster und durch ein großes Dachfenster strömt Licht in den Raum...

Du versuchst, einige der Buchtitel zu entziffern, und hast plötzlich das Empfinden, dass in der einen Ecke der Bibliothek jemand sitzt.

Obgleich es so hell in diesem Raum ist, kannst du die Person nur undeutlich erkennen. Sie ist von einer Art Nebel oder Dunst umgeben. Deine Intuition sagt dir, dass das eine sehr alte Person sein muss, ein Mann oder eine Frau...

Die Person sagt einfach: «Ich habe dich erwartet. Ich bin der Tod.» Du bist überrascht, wie vertraut dir diese Begrüßung erscheint. Die Stimme klingt freundlich und würdevoll. Es ist die Stimme einer weisen Person.

Und in diesem Augenblick weißt du auch, was du sie fragen willst. Und du stellst diese Frage jetzt: «Was ist der Sinn meines Lebens? Weshalb bin ich geboren worden?»

Warte geduldig auf die Antwort und nutze die Gelegenheit, um andere wichtige Fragen zu stellen, wenn du solche hast. Rechne damit, dass die Antwort auf verschiedene Weise kommen kann – in Worten, in Gesten oder vielleicht durch irgendein symbolisches Geschenk, das du erhältst. Lass dich überraschen, und setze dich nicht selbst unter Druck, dass du die Antwort sofort verstehen musst... (2 Minuten)

Danke der Person nun, sag ihr Adieu und geh den Weg zurück, den du gekommen bist – die geheime Treppe hinab, durch das Obergeschoss, hinab in das Erdgeschoss und wieder hinaus auf die Straße...

Kehre jetzt mit deinem Bewusstsein wieder hierher zurück. Reck und streck dich ein wenig und atme einmal tief aus. Bewahre in deinem Gedächtnis auf, was du nicht vergessen möchtest. Öffne dann in deinem eigenen Rhythmus die Augen und sei wieder hier, erfrischt und wach.

11 Der letzte Brief

Immer mehr Menschen sind verliebt in die Möglichkeiten der Technologie – Computer, Fernsehen, DVD-Player. Die Fortschritte in der Medizintechnik haben unsere Lebenserwartung innerhalb von hundert Jahren verdoppelt. Gleichwohl hat der neue Lebensstil die Menschen weder glücklicher noch weiser gemacht. Mit den gestiegenen Möglichkeiten ist auch der Angstpegel gestiegen und die Unfähigkeit, gute Beziehungen in der Familie und zu den eigenen Kindern zu pflegen. Die Zahl der chronisch depressiven Menschen, insbesondere auch der depressiven Jugendlichen, steigt. Wir sind weit entfernt von dem Paradies, das wir uns wünschen. Auch in der Psychologie sind große Fortschritte gemacht worden. Wir untersuchen die körperlichen Grundlagen unserer Gefühle und Stimmungen, wir versuchen herauszufinden, wie unser Gehirn funktioniert und wie unsere Neigungen und Handlungen durch Gene oder mentale Traditionen geformt werden. Nicht nur die Wissenschaftler versuchen, den einzelnen Menschen oder soziale Systeme zu verstehen. Die ganze Kultur hat sich dafür entschieden, Verständnis und Kontrolle als die höchsten Werte zu installieren.

Aber wir beobachten ein Paradox. Je mehr wir versuchen, uns selbst und andere zu kontrollieren, desto mehr Kontrollverlust müssen wir erleben. Wir sind der Illusion erlegen, dass wir die Welt und unsere inneren Empfindungen beherrschen können. Aber das Dogma der Kontrolle hat uns dem Glück nicht näher gebracht. Der Bedarf an Psychospezialisten, Sozialarbeitern und Therapeuten steigt mit jeder neu entdeckten Therapievariante.

Vielleicht müssen wir uns häufiger eingestehen, dass wir uns und die Welt in vielen Fällen nicht verstehen können und dass wir uns von vielen, nicht tragfähigen Überzeugungen trennen müssen.

In dieser kurzen Phantasiereise regen wir die Teilnehmer an, eine selten benutzte Perspektive einzunehmen und ihre eigenen Theorien über das Leben kritisch zu überprüfen. Jeder hat die Aufgabe, eine Art spirituelles Testament zu formulieren. Die Übung endet in einem bemerkenswerten Ritual.

Anleitung

Bring dich in eine möglichst bequeme Position. Rück ein bisschen hin und her, damit dein Körper das Gefühl hat, ganz bequem gehalten zu werden auf deinem Stuhl oder auf dem Boden. Achte darauf, dass Kopf, Nacken und Wirbelsäule eine gerade Linie bilden.

Und nun hol einmal tief und erfrischend Luft... Atme so tief ein, wie du kannst... ganz tief hinab in deinen Bauch... dann atme ganz kräftig wieder aus...

Und wenn du wieder einatmest, kannst du versuchen, ob du die Wärme des Atems zu den Teilen deines Körpers schicken kannst, die angespannt sind, die sich kalt fühlen, die schmerzen. Und lass die Anspannung beim Ausatmen mit deinem Atem nach draußen fließen...

Du spürst, wie dein Atem zu allen Stellen im Körper geht, die angespannt oder hart sind, und wie er sie locker macht, weich und warm... so dass du dich immer sicherer und behaglicher, entspannter und leichter fühlst, indem du einfach zuschaust, wie dein Atem deinem Körper wohl tut...

Und wenn dir irgendwelche störenden Gedanken in den Sinn kommen, dann kannst du auch sie mit dem Atem nach draußen fließen lassen... so dass dein Geist einen Augenblick ganz leer ist, für einen winzigen Augenblick ein freier und ruhiger Raum, dessen Stille du genießen kannst wie die Ruhe eines schönen Gartens...

Nun stell dir bitte vor, du bist bereits aus dem Leben geschieden und befindest dich im Jenseits, in der Welt des Geistes. Hier bekommst du etwas, was du im Leben vielleicht lange vergeblich gesucht hast, nämlich Weisheit...

In einem heiligen Wasserbecken wirst du neu getauft, so dass auch dein Geist gereinigt wird. Du bist fortan erleuchtet, voller Weisheit, Mut und Visionen, und in der Lage, dich kreativ auszudrücken, statt alten Dogmen nachzugehen. Als Folge dieser Taufe veränderst du vieles, woran du glaubst und was du dir wünschst...

Zur Feier deines Übergangs in die andere Welt bekommst du eine letzte Gelegenheit, noch einmal direkten Kontakt mit der Menschheit aufzunehmen: Wende dich an all jene, die du am meisten liebst – an deine Tochter oder deinen Sohn, an Vater oder Mutter, an deinen Partner/deine Partnerin, an Geliebte oder Freunde. Du kannst diesen Menschen eine Botschaft senden, und zwar in einem Brief. In diesem Brief kannst du von dem berichten, was du auf der anderen Seite gelernt hast. Skizziere, worauf es im Leben ankommt und welcher Weg zu einem guten Leben führt. Beschreibe auch, was sich von deinem alten Wissen bewährt hat und welche neuen Weisheiten dir geschenkt wurden...

Überlege gut, was du sagst und wie du es sagst. Gib das weiter, was deiner Meinung nach am wichtigsten ist für unsere spirituelle Entwicklung...

Vielleicht freust du dich, dass du noch einmal Kontakt aufnehmen darfst; vielleicht stellst du bekümmert fest, dass du selbst in deinem Leben eine ähnliche Botschaft nicht erhalten hast; aber vielleicht gab es in deiner Geschichte weise Menschen, die dir ein Fundament gegeben haben, so dass diese Aufgabe dir vertraut ist... Versuche, diese Aufgabe als eine Herausforderung zu betrachten, die dir helfen kann, in den Jahren, die dir noch bleiben, glücklicher und weiser zu leben.

Und nun komm mit deiner Aufmerksamkeit hierher zurück. Streck dich ein wenig und atme einmal tief aus... Öffne in deinem eigenen Rhythmus die Augen und sei wieder hier, erfrischt und wach.

Schreibe nun deinen Brief. Nimm dir Papier und Bleistift und gestatte dir, in deinem Text immer wieder Korrekturen zu machen, bis du das Gefühl hast, das ausgedrückt zu haben, was du sagen willst. Lass dir eine halbe Stunde Zeit dafür.

(Danach kann eine Auswertung in der Gruppe stattfinden, in der möglichst viele Teilnehmer ihre Texte vorlesen und von ihren Erlebnissen bei dieser Aufgabe berichten.)

Und nun steck den Brief in einen Umschlag und schick ihn an deine eigene Adresse. Wenn der Brief ankommt, versuch ihn so zu lesen, als käme er von jemandem, der dich sehr liebt. Bewahre diesen Brief gut auf und denke darüber nach, was passieren würde, wenn du den Ausführungen vertraust und den Empfehlungen folgst.

Du solltest folgende Tradition etablieren: Lies den Brief einmal im Jahr neu, vielleicht in der Woche deines Geburtstages. Du hast dann Gelegenheit, eine Revision des Inhalts vorzunehmen, indem du den ursprünglichen Brief korrigierst oder neu abfasst. So kannst du jedes Jahr den sich verändernden Brief neu mit der Post an dich selbst schicken und dir vornehmen, die Weisheit dieses Briefes in deinem Leben auszudrücken.

12 Kontinuität

Diese Phantasie gestattet es uns, die Kontinuität und die Diskontinuität unseres Selbst zu erleben. Die Teilnehmer können auf ihr Leben zurückschauen und ihren Blick in die Zukunft richten. Dabei werden sie daran erinnert, dass ihr Selbst zeitlos ist und unvergänglich. Gleichzeitig erscheint die Tatsache, dass das Leben vergänglich ist, weniger bedrohlich. Alles was wir haben, ist der aktuelle Augenblick.

Das Wertvolle an dieser Phantasie ist, dass sie unsere übermäßigen Bindungen an Vergangenheit oder Zukunft lockert. Diese Bindungen verhindern, dass wir in unserem aktuellen Leben präsent sind und für andere nützlich.

Wenn wir in eine neue Entwicklungsphase eintreten, müssen wir das Alte loslassen, nur dann werden wir reifer und weiser. Wir müssen in jedem neuen Lebensabschnitt erwachsener werden, um den damit verbundenen Möglichkeiten und Aufgaben gerecht zu werden. Wenn wir uns zu sehr an alte Erfolge, Leidenschaften oder Selbstdefinitionen klammern, dann blockieren wir den Strom des Lebens in uns.

Das Loslassen ist eine wichtige Botschaft dieser Phantasiereise.

Anleitung

Lass dir ein wenig Zeit und finde eine Körperhaltung, die deinem Geist gestattet, ganz wach zu sein, und deinen Gefühlen, Sicherheit und Ruhe zu finden. Vielleicht kannst du deine Aufmerksamkeit zunächst auf das Ausatmen konzentrieren: Jedes Mal, wenn du ausatmest, geh mit deiner Aufmerksamkeit ganz nach unten und erlebe jene Pause, die zwischen diesem Atemzug und dem nächsten entsteht. In dieser Pause musst du gar nichts tun; bemerke sie einfach. Manchmal ist diese Pause länger und dauert ein paar Augenblicke, aber es gibt auch andere Zeiten, wo du diese Pause vielleicht kaum bemerkst...

Bitte geh in deiner Phantasie weit zurück in jene Zeit, als du ein ganz kleines Kind warst. Wie hast du dich gefühlt, als du ein winziges Baby warst, das vollständig abhängig war von denen, die für deine Bedürfnisse sorgten?... Vielleicht kannst du dich ganz deutlich daran erinnern... Wenn du merkst, dass du das vergessen hast, dann versuche dich intuitiv mit den Gefühlen des kleinen, hilflosen Kindes zu identifizieren, das in der Umgebung aufwuchs, in die du geboren wurdest... Lass dir einen Augenblick Zeit, die Atmosphäre der Zeit zu empfinden, als du ganz, ganz jung warst... (30 Sekunden)

Und nun geh in deiner Phantasie in eine Zeit, als du fünf Jahre alt warst. Wie hast du dich gefühlt, als du fünf Jahre alt warst?... Wie hast du die Welt erfahren?... Bemerke alle Bilder, Eindrücke oder Erinnerungen, die dir einfallen, wenn du an diese Zeit denkst... (2 Minuten)

Und wie war das Leben für dich, als du zwölf Jahre alt warst? Erinnerst du dich daran, worüber du dir Sorgen machtest im Alter von zwölf Jahren?... Was war damals wichtig für dich?... Wie hast du die Welt erlebt?... Wie hast du dich selbst empfunden?... Welche Träume oder welche Alpträume hattest du?... (2 Minuten)

Und nun stell dir jene Zeit vor, als du fünfundzwanzig warst. Wie und wer warst du damals?... Wie hast du die Welt erlebt und deine Möglichkeiten?... Welche Rolle spielte die Liebe für dich?... (1 Minute)

Und wie war es, als du vierzig warst? (Wie wird es sein, wenn du vierzig bist?) Wie findest du dich in diesem Alter?... Welche Philosophie hast du über das Leben entwickelt?... Was ist am allerwichtigsten im diesem Alter?... (2 Minuten)

Und nun geh in eine noch spätere Zeit, wenn du fünfundsechzig Jahre alt sein wirst. Wie ist dein Leben jetzt?... Tust du das, was du gern tust?... Hast du dir deine Träume erfüllt?... Was erwartest du von der Zukunft?... (2 Minuten)

Geh jetzt noch weiter in die Zukunft und stell dir vor, dass du sehr, sehr alt bist... Stell dir vor, dass du in einen Spiegel schaust. Was siehst du da?... Wie findest du dich selbst, wenn du sehr, sehr alt bist?... Wer bist du in diesem greisen Alter?... Was empfindest du, wenn du zurückblickst auf das Leben, das du gelebt hast?... Schau zurück auf dein ganzes Leben und finde heraus, was wirklich zählte... Gibt es irgendetwas, was du in deinem Leben lieber anders gemacht hättest?... Und bist du jetzt bereit zu sterben?... (2 Minuten)

Gestatte dir nun in der Phantasie, deinen eigenen Tod zu erleben. Bemerke, was dir in den Sinn kommt, wenn du versuchst, dir dein eigenes Sterben vorzustellen... Du kannst in dem Land jenseits des Todes ausruhen, um in dieser geheimnisvollen Pause neue Kraft zu schöpfen... (1 Minute)

Jetzt stell dir vor, dass du bereit bist für deine Wiedergeburt. Du kannst selbst entscheiden, wo und wann du wiedergeboren werden willst und in welcher Gestalt. Wie fällt deine Wahl aus?... Stell dir vor, wo diese Geburt stattfindet und wie es ist, in dieser Gestalt zum ersten Mal auf die Welt zu kommen. Wie fühlt sich das für dich an?... (2 Minuten)

Und nun ist es Zeit, dass du mit deiner Aufmerksamkeit hierher zurückkehrst. Bewahre alles, was du nicht vergessen willst, in deinem Gedächtnis auf, alle Fragen und Einsichten, alle wichtigen Gefühle, Hoffnungen und Wünsche...

Streck dich ein wenig und atme einmal tief auf. Öffne in deinem eigenen Rhythmus die Augen und sei wieder hier, erfrischt und wach.

Schau dich im Raum um und betrachte alles, als ob es zum ersten Mal geschähe...

13 Persona

Solange wir jung sind, haben wir das Bedürfnis, uns von anderen abzugrenzen, insbesondere auch von unseren Ursprungsfamilien. Wir möchten uns ein eigenes Selbstkonzept schaffen. Wir entwickeln den bewussten Teil unserer Persönlichkeit, unser Ego, unsere Persona. Alles, was nicht zu unserem Selbstbild passt, wird in den Hintergrund geschoben oder vollständig unterdrückt. Alle diese Wünsche, Gefühle und Gedanken bilden dann unseren Schatten.

Häufig hängen wir mit einer gewissen Starrheit an unserer auf diese Weise entwickelten Identität, an unseren Rollen und Lieblingseigenschaften. Wenn wir eine Rolle nicht länger spielen können oder wenn wir den Eindruck haben, sie schlechter als andere zu spielen, dann macht uns das sehr unglücklich.

Wir haben jedoch als Erwachsene die Aufgabe, die Grenzen unseres Selbstbildes, unseres Egos zu erkennen. Für den reifen Menschen kommt es jetzt weniger darauf an, sich von anderen abzusetzen, als sich mit ihnen zu verbinden. Statt für unser Ego sollten wir nun mehr Aufmerksamkeit für unsere spirituelle Entwicklung aufbringen, d. h. für unsere Seele, für unser Herz, für all die bisher nicht gelebten Dinge, um sie aus dem Bereich des Schattens herauszulösen. In dem Maße, in dem uns das gelingt, wird unsere Angst vor unserem Tod schwinden.

Diese Übung gibt den Teilnehmern die Chance, sich symbolisch mit dem Tod zu konfrontieren. Irgendwann müssen wir alle unsere Identitäten und Selbstkonzepte aufgeben und eine neue Freiheit entdecken.

Viele Teilnehmer werden dieses Experiment als befreiend empfinden und gleichwohl gemischte Gefühle erleben; das ist ganz natürlich. Immer wenn wir die Grenzen unseres Egos durchlässiger machen, dann erleben wir das als einen «kleinen Tod». Dieses Erlebnis kann sowohl ekstatisch als auch erschreckend sein.

Anleitung

Lass dir etwas Zeit und schreibe neun Wörter oder Sätze auf, die dich definieren. Denke dabei vor allem an die Rollen, die du im Leben spielst, und an deine wichtigsten Charakterzüge. Schreibe jede Definition auf ein neues Blatt Papier und bring diese dann in eine Reihenfolge gemäß ihrer Wichtigkeit. Lege die wichtigste Definition ganz nach unten und die am wenigsten wichtige nach oben. Nummeriere die Blätter. Lass dir genügend Zeit dabei. Bemerke, dass einige deiner

Definitionen von anderen Menschen stammen. Achte auch darauf, welche Definitionen vollkommen frei von dir gewählt wurden... (10 Minuten)

Und nun nimm dir ein paar Minuten Zeit und fang an, tief und gründlich zu atmen. Setz dich aufrecht hin, Kopf, Nacken und Wirbelsäule in einer geraden Linie. Das hilft dir, wach und konzentriert zu sein... (2 Minuten)

Betrachte nun deine erste Definition, die auf dem Blatt steht, das ganz oben liegt. Nimm das Blatt in die Hand und spüre, wie du dich fühlst, wenn du auf diese Weise definiert wirst. Lass dir ein paar Minuten Zeit, um dir über die Konsequenzen klar zu werden, die diese spezielle Definition mit sich bringt. Befrage dabei nicht nur deinen Geist, sondern auch dein Herz und deinen Körper. Sei darauf vorbereitet, dass diese drei Pfeiler deiner Existenz zu manchen Definitionen unterschiedliche Meinungen haben können... (3 Minuten)

Und nun dreh das Blatt Papier um und stell dir vor, wie du dich ohne diese Definition fühlen würdest. Wer bist du dann? Wie würdest du dich fühlen, wenn du diese spezielle Charakterisierung aufgeben könntest? Wie würde dein Leben dann aussehen? Wäre das mit Einschränkungen verbunden? Gäbe es dir neue Freiheiten?... (3 Minuten)

Stell dich bitte darauf ein, dass du bei diesem Versuch gemischte Gefühle haben kannst. Vielleicht entdeckst du auch einen starken Widerstand. Das ist wertvoll, weil du dann weißt, dass diese Definition etwas ist, an das du vielleicht sogar dein emotionales Überleben geknüpft hast. Wenn du dir das eingestehst, fällt es dir vielleicht leichter, diese Charakterisierung für einen Augenblick aufzugeben. Und nun leg das Blatt auf den Boden.

Schau jetzt bitte auf das nächste Blatt. Denke über die Bedeutung der zweiten Definition nach. Bemerke alle körperlichen Reaktionen, Gefühle und Gedanken, die mit dieser Definition verbunden sind. Stell dir möglichst lebendig vor, wie du diese Definition in deinem Leben ausdrückst... (3 Minuten)

Und nun dreh auch dieses Blatt um und lass die Definition probeweise los. Wie fühlst du dich ohne sie? Wer bist du ohne sie? Was verlierst du? Was gewinnst du? Bemerke, wie schwierig es für uns ist, etwas aufzugeben, auch wenn es nur in der Phantasie geschieht. Mach dir deshalb keine Vorwürfe, sondern spüre deinen Widerstand und erblicke in ihm dein natürliches Bedürfnis, Halt und Geborgenheit zu finden. Vielleicht fällt es dir danach leichter, in der Vorstellung für einen kurzen Augenblick loszulassen... (3 Minuten)

(Begleiten Sie jeden neuen Schritt des Loslassens mit ähnlichen Worten, damit die Arbeit in etwa synchron verläuft bis zum neunten Blatt.)

Lass dir etwas Zeit, um herauszufinden, wie du dich fühlst ohne die neun Definitionen, die du dir selbst gegeben hast. Wer bist du? Wie gefällt dir diese Leere? (2 Minuten)

Nun soll der ganze Prozess in umgekehrter Reihenfolge noch einmal stattfinden. Nimm als erstes das Blatt, von dem du dich zuletzt getrennt hast, und stell dir vor, dass du diese Definition wieder übernimmst. Bemerke, was du dabei fühlst, welche Gedanken dir durch den Sinn gehen, welche Bilder vor dir auftauchen. Was bedeutet dir diese spezielle Identität?

Versuche sehr langsam vorzugehen, wenn du dir eine Definition nach der anderen wieder zurückholst. Bemerke deine Gefühle, denn auch diesmal kannst du wieder mit gemischten Gefühlen rechnen. Es ist ein Zeichen für deinen Wunsch nach geistiger und emotionaler Freiheit...

Wenn du alle Definitionen zurückgeholt hast, dann denke über dieses Experiment des Loslassens und der Reintegration nach. Welche Einsichten konntest du für dich gewinnen?

14 Haus des Lebens

Wie würden wir reagieren, wenn man uns mit der Tatsache konfrontierte, dass unsere Lebenszeit abgelaufen ist? Diese Übung arbeitet mit einer verhältnismäßig sanften Symbolik, so dass die Teilnehmer ihre persönlichen Reaktionen in einem sicheren Rahmen erforschen können.

Anleitung

Mach es dir bequem... Rück etwas hin und her, damit du noch bequemer sitzt... Du kannst dich jederzeit bewegen... Vielleicht magst du deine Augen schließen, jetzt oder etwas später. Diese Zeit gehört dir... Du musst dich um nichts anderes kümmern, du hast nichts anderes zu tun... Genieße die Ruhe... Wenn du auf deinen Atem achtest, wirst du bemerken, dass die Luft ein wenig kühler ist, wenn du einatmest... und wenn du ausatmest... ist sie ein wenig wärmer und feuchter... ein Atemzug zur Zeit... einfach und leicht... Vielleicht möchtest du deine Atemzüge zählen: eins... zwei... drei... vier... fünf... und wieder zurück: fünf... vier... drei... zwei... eins... ganz einfach und leicht... ein Atemzug zur Zeit... sanft und ruhig... Lass dich von diesem Rhythmus entspannen...

Stell dir vor, dass du am Meer bist... Es ist ein warmer, sonniger Tag... Der Himmel ist blau, und auf dem bewegten Wasser tanzen weiße Schaumkronen. Du gehst am Strand entlang und genießt die Musik der Wellen und den sanften Wind... Mit all deinen Sinnen öffnest du dich der Natur: Das Leben kann so schön sein...

Die Küste wird von einer Bergkette begleitet. Du schaust auf und siehst an einem nahen Berghang ein Haus, das deine Neugier weckt. Du fühlst dich von dem Haus angezogen; du folgst einem tiefen inneren Wunsch und findest einen kleinen Weg, der in die Höhe und zu dem Haus führt...

Schließlich stehst du davor und willst alles über dieses geheimnisvolle Haus wissen. Du klopfst an die Tür, und diese wird sogleich von einem sehr freundlichen Menschen geöffnet, der dich auffordert einzutreten... Das Haus überrascht dich mit seiner Schönheit. Aus den Fenstern hast du einen einzigartigen Blick auf das Meer, und du staunst über die erlesene Ausstattung der Räume...

Während du die anregende Atmosphäre des Hauses genießt, erfährst du von dem Besitzer, dass er auf eine wichtige Reise gehen muss. Seine Abwesenheit wird vielleicht eine Woche dauern... vielleicht einen Monat... vielleicht ein Jahr... vielleicht zehn Jahre... Du bekommst ein großzügiges Angebot: Während der Abwesenheit des Besitzers kannst du in diesem Hause leben, aber du musst es wieder verlassen, wenn er zurückkehrt...

Du akzeptierst diese Bedingungen, und der Besitzer tritt seine Reise an. Das schöne Haus wird jetzt deine Heimat, und du genießt jeden Tag, den du hier verbringen darfst, zwischen Himmel und Meer. Und die Zeit vergeht wie im Fluge... Ein paar Monate und ein paar Jahre vergehen. Du hättest nie gedacht, dass dein Leben eine solche Qualität haben könnte. Hier hast du Gelegenheit, der Natur nahe zu sein, und gleichzeitig die Ruhe, dich mit den Dingen zu beschäftigen, die dir besonders am Herzen liegen... Genieße eine Weile das Leben in dieser Villa, in der du zu Gast sein darfst... (2 Minuten)

Und nun stell dir vor, dass du gerade mit einem interessanten Projekt beschäftigt bist; aber vielleicht sitzt du auch auf der Terrasse und schaust hinaus auf das Meer und folgst mit den Augen den Schiffen, die in der Ferne vorbeiziehen... Da wird deine Ruhe plötzlich unterbrochen. Du hörst ein deutliches Klopfen an der Tür. Du öffnest sie. Vor dir steht der Besitzer des Hauses. Er ist zurückgekehrt. Du erinnerst dich an eure Abmachung, und du erkennst, dass deine Zeit hier in dem Haus am Meer abgelaufen ist... Bemerke, wie du auf die Rückkehr des Besitzers reagierst...

Wie möchtest du Abschied nehmen von deiner geliehenen Villa? Was sagst du dem Besitzer zum Abschied?... (1 Minute)

Geh nun den Weg, den du gekommen bist, zurück und wieder hinunter ans Wasser. Finde einen Platz, wo du ungestört sitzen kannst, um nachzudenken. Betrachte das Haus am Meer als eine Metapher für dein Leben. Es ist dir für eine unbestimmte Zeit gegeben, und du kannst nicht wissen, zu welchem Zeitpunkt die Abschiedsglocke für dich läutet. Welche Einstellung hast du zu deinem Leben gefunden? Machst du dir klar, dass jeder Tag der letzte sein kann? Versuchst du, diese Tatsache zu ignorieren? Wie würdest du reagieren, wenn du erfährst, dass deine Zeit gekommen ist und der Tod an deiner Tür anklopft?...

Lass dir noch etwas Zeit, über deine Endlichkeit nachzudenken... Welche Gefühle ruft dieser Gedanke in dir wach?... Welche Gedanken können dich mit der Tatsache versöhnen, dass dein Leben begrenzt ist?... Wie kannst du dich auf diesen Abschied vorbereiten, der uns allen bevorsteht?... (1 Minute)

Vielleicht hast du dir bisher wenig Zeit genommen, solche Fragen zu stellen, auf die die meisten von uns nur tastende Antworten geben können; aber vielleicht möchtest du den Entschluss fassen, solche Fragen nicht länger aus deinem Bewusstsein zu verbannen.

Wenn du willst, kannst du diesen Entschluss hierher mitbringen, wenn du nun mit deiner Aufmerksamkeit zurückkehrst. Streck dich ein wenig und atme einmal tief aus. Öffne in deinem eigenen Rhythmus die Augen und sei wieder hier, erfrischt und wach.

15 Die Tür

Wenn wir uns intensiv mit der Tatsache auseinandersetzen, dass unser Leben begrenzt ist und dass wir dem Tod nicht ausweichen können, dann ist es besonders wichtig, dass wir nicht vergessen, auch die Tür zum Leben neu zu öffnen.

Die folgende Übung eignet sich besonders gut für das Ende eines Workshops, in dem sich die Teilnehmer mit ihrer Angst vor dem Tod beschäftigt haben.

Anleitung

Mach es dir bequem... Rück etwas hin und her, damit du noch bequemer sitzt... Vielleicht magst du deine Augen schließen, jetzt oder etwas später... Diese Zeit gehört dir... Du musst dich um nichts anderes kümmern, du hast nichts anderes zu tun... Genieße die Ruhe... Wenn du auf deinen Atem achtest, wirst du bemerken, dass die Luft ein wenig kühler ist, wenn du einatmest... und wenn du ausatmest... ist sie ein wenig wärmer und feuchter... ein Atemzug zur Zeit... einfach und leicht... Vielleicht möchtest du deine Atemzüge zählen: eins... zwei... drei... vier... fünf... und wieder zurück: fünf... vier... drei... zwei... eins... ganz einfach und leicht... ein Atemzug zur Zeit... Lass dich vom gleichmäßigen Rhythmus deines Atems entspannen...

Stell dir nun vor, dass du am Eingang eines langen, dunklen Korridors stehst. Am Ende des Korridors siehst du einen schmalen Kranz hellen Lichtes... Du wirst neugierig und gehst langsam, Schritt für Schritt den Korridor hinab auf das helle Licht zu. Das Licht leuchtet immer heller und intensiver, mit jedem Schritt, den du machst... Jeder deiner Schritte lässt das Licht größer und heller werden. Und schließlich ist der Kranz des hellen Lichtes so nahe, so groß und so hell, dass du nur noch einen Schritt davon entfernt bist...

In diesem Licht kannst du jetzt eine Tür entdecken. Und auf der Tür erkennst du die Aufschrift «LEBEN» in großen goldenen Buchstaben. Lass dich von diesem Wort einladen, noch einen weiteren Schritt zu machen. Bist du bereit, durch die Tür hindurchzugehen und alles anzunehmen, was das Leben in diesem Augenblick für dich bereithält? Nicht die Illusion der Vergangenheit und nicht die Träume der Zukunft, sondern Leben in der Gegenwart mit all den Herausforderungen und mit allen faszinierenden Überraschungen?...

Lass dir Zeit, und bemerke auch die gemischten Gefühle in dir, jenen Teil, der Angst hat, die Einladung anzunehmen. Bemerke vielleicht jenen kleinen Teil in dir, der glaubt, dass er dieses Geschenk nicht verdient hat und es darum nicht annehmen kann... Aber vielleicht sind das nur kurze, flüchtige Gedanken. Gestatte dir, diese Gelegenheit jetzt beim Schopfe zu packen, und gehe durch die Tür...

Wie gehst du durch diese Tür? Langsam und zögernd oder schnell und entschlossen? Und wenn du hindurchgegangen bist, dann bemerke, was du empfindest. Spürst du Unruhe und Aufregung, Neugier mit einer Spur Unsicherheit? Lass dir Zeit für deine nächsten Schritte... Vielleicht kannst du etwas mehr Sicherheit entwickeln, wenn du ein paar tiefe Atemzüge machst und wenn du deine Beine spürst, mit denen du langsam ins Leben gehst. Vielleicht möchtest du auch hier und da stehen bleiben, um all das in Ruhe aufzunehmen, was du siehst. Vielleicht ist es jetzt auch passend für dich, wenn du ein paar Worte zum Leben und zu der Welt sprichst, in die du hineingehst. Vielleicht möchtest du sagen: «Ich freue mich, dass ich lebendig bin... Ich freue mich, dass ich Augen habe zum Sehen... Ich genieße die Luft, die ich atme... Ich mag den Boden, auf dem ich stehe... Ich möchte mich mehr und mehr dem Leben öffnen...» Und wenn du noch mehr Zuversicht entwickeln möchtest, dann stell dir vor, dass du eine Weile durch dein Herz atmest. Bitte dein Herz, dass es dich bei deinen nächsten Schritten leitet und dir hilft herauszufinden, in welche Richtung du deine Schritte lenken kannst, damit du immer deutlicher spürst: «Dies ist mein eigenes Leben.»

Komm nun allmählich mit deiner Aufmerksamkeit hierher zurück. Bewahre alles, was dir wichtig ist, in deiner Erinnerung auf. Reck und streck dich ein wenig und atme einmal tief aus. Öffne in deinem eigenen Rhythmus die Augen und sei wieder hier, erfrischt und wach.

16 Unsterblichkeit

Die Idee der Unsterblichkeit gehört zu den besten Geschenken, die die Menschheit im Laufe der Evolution erhalten hat. Angesichts des Todes sind wir verstört und ängstlich und begrüßen daher die Idee der Unsterblichkeit auf besondere Weise. Es gibt verschiedene Möglichkeiten, wie wir uns mit dieser Idee beschäftigen können – wir können die Sprache der Theologie und der Philosophie benutzen, aber wir können auch auf die Bildersprache der Poesie zurückgreifen.

In der folgenden Phantasiereise führen wir die Teilnehmer auf einen solchen poetischen Weg, der jedem eine persönliche Antwort geben kann auf die Frage: «Was ist unvergänglich in mir?»

Anleitung

Mach es dir bequem... Rück etwas hin und her, damit du noch bequemer sitzt... Du kannst dich jederzeit bewegen... Vielleicht magst du die Augen schließen, jetzt oder etwas später. Diese Zeit gehört dir... Du musst dich um nichts anderes kümmern, du hast nichts anderes zu tun... Genieße die Ruhe... Wenn du auf deinen Atem achtest, wirst du bemerken, dass die Luft ein wenig kühler ist, wenn du einatmest... und wenn du ausatmest... ist sie ein wenig wärmer und feuchter... ein Atemzug zur Zeit... einfach und leicht... Vielleicht möchtest du deine Atemzüge zählen: eins... zwei... drei... vier... fünf... und wieder zurück: fünf... vier... drei... zwei... eins... ganz einfach und leicht... ein Atemzug zur Zeit... sanft und ruhig... Lass dich von diesem Rhythmus entspannen...

Stell dir vor, dass du im Gebirge bist, in einem Tal, an dessen Ende sich ein hoher Berg erhebt. Es ist ein schöner Frühlingsmorgen mit wenigen Wolken, die die Spitze des Berges einhüllen. Lass dir ein wenig Zeit, um deine Umgebung in dein Bewusstsein aufzunehmen: die Vegetation, die frische, klare Luft, all die Klänge der Natur und den Boden unter deinen Füßen...

Gestatte dir nun, dich auf den Weg zu machen zum Gipfel dieses Berges... Du weißt, dass du ganz oben auf dem Berg das Haus der Unsterblichkeit finden wirst – einen wunderschönen Palast, in dem es dir möglich sein wird, mit vollständiger Klarheit die Unvergänglichkeit zu erleben, die uns Menschen in unserem Leben verliehen wurde...

Und während du höher und höher hinaufsteigst, durchquerst du Wiesen mit Frühlingsblumen, und du kommst vorbei an klaren und kühlen Bergseen. In der Höhe kommst du an eine Stelle, wo du von einer Wolke umgeben bist. Du gehst weiter, aber du wählst jetzt eine langsamere Gangart. Die Dinge, die du siehst, verlieren ihre scharfen Konturen in diesem milchigen Zwielicht, und du hast das Gefühl, dass alles um dich herum einen geheimnisvollen Zauber ausstrahlt. In der Luft liegt Geheimnis und eine große Erwartung. Langsam gehst du weiter durch das rätselhafte Dämmerlicht, höher und höher hinauf...

Jetzt löst sich der Nebel auf. Und als du auf dem Gipfel des Berges angekommen bist, siehst du das Haus der Unsterblichkeit vor dir in einer klaren und leuchtenden Atmosphäre. Der Anblick ist überwältigend schön. Einen Augenblick glaubst du, Musik zu hören, die mit der Schönheit und Symmetrie dieses Palastes verbunden ist...

Du betrachtest das Gebäude eine Weile von außen... Dann trittst du ein, um auch sein Inneres kennen zu lernen. Du bist gebannt von der Schönheit der Architektur, aber noch mehr fasziniert dich die Atmosphäre hier. Wie durch Zauberei kannst du dich selbst auf eine ganz neue Weise sehen und erleben. Alle Schleier, die dich vorher vielleicht getrennt haben von deiner inneren Unvergänglichkeit, lösen sich auf in diesem riesigen Raum, in dem du jetzt stehst:

der Schleier des Zweifels...
der Schleier der Müdigkeit...
der Schleier der Furcht...
der Schleier der Kontrolle...
der Schleier der Erwartung...

Alle diese Schleier lösen sich wie von selbst auf, und du kannst unmittelbar empfinden, was immer in dir zeitlos ist, unvergänglich und schön... (1 Minute)

Es ist nicht notwendig, dass du Worte für dieses Erlebnis findest. Atme diese besondere Atmosphäre ein... Licht und Wahrheit...

Vielleicht möchtest du stehen bleiben oder ein wenig herumgehen, um die Inspiration in dich aufzunehmen, die du hier findest. Und mehr und mehr dehnst du deine Einsicht, dein Verständnis aus auf die anderen Menschen in deinem Leben, auf Menschen, die dir nahe sind, und auf jene, mit denen du vielleicht Schwierigkeiten hast. Du siehst plötzlich all das, was in ihnen unvergänglich ist...

Denke an sie alle und empfinde für den Bruchteil einer Sekunde das Wunder ihrer Unvergänglichkeit. Natürlich haben sie alle ihre individuellen Schleier oder Masken, aber du kannst leicht hindurchsehen... und du kannst sie alle auf eine neue Weise betrachten, mit Respekt und mit Staunen oder mit einem tiefen Gefühl der Verbundenheit.

Und wer immer diesen Palast der Unsterblichkeit gebaut hat, er war ebenso weise wie großzügig. Er hatte ein Herz für die Suchenden, und er möchte ihnen helfen, dass sie diesen Besuch nie vergessen werden. Darum gibt es für jeden Besucher ein Abschiedsgeschenk: In der Mitte des Raumes findest du einen besonderen Tisch aus Stein und darauf ein Geschenk. Gestatte dir, dieses Geschenk anzunehmen; gestatte dir auch, deine Gefühle dabei zu bemerken – vielleicht gemischte Gefühle. Nimm dein Geschenk an dich, ohne es gleich zu öffnen. Verabschiede dich von dem Palast der Unsterblichkeit und nimm dir Zeit auszudrücken, was du mitteilen möchtest. Dann geh, ohne dich umzusehen, wieder nach draußen in das helle Licht des Berges. Finde irgendeinen Platz, wo du dich hinsetzen kannst, um einen Augenblick auszuruhen, und wo du dein Geschenk öffnen kannst. Lass dich von dem Inhalt überraschen: Vielleicht findest du eine Art Talisman; vielleicht entdeckst du etwas Schriftliches, ein Bild oder eine Figur; alles ist möglich... Sei dir bewusst, dass dieses Geschenk eine symbolische Qualität hat. Es ist nicht nötig, dass du die darin enthaltene Botschaft sofort verstehst. Du wirst sie dann verstehen, wenn du sie brauchst... (1 Minute)

Mach dich nun auf den Rückweg. Geh den Weg zurück, den du heraufgekommen bist, durch den Nebel, die Bergseen entlang und über die Blumenwiesen, zurück in das Tal, wo du deinen Weg begonnen hast...

Jetzt wird es Zeit, dass du mit deiner Aufmerksamkeit wieder hierher zurückkommst. Bring alles mit, was für deine Zukunft wichtig ist. Und vielleicht möchtest du auch das Empfinden von innerer Ruhe und Zuversicht hierher bringen. Streck dich ein wenig und atme einmal tief aus. Öffne in deinem eigenen Rhythmus die Augen und sei wieder hier, erfrischt und wach.

17 Der kleine Fluss

In den 60er Jahren gingen viele Asiaten in die Vereinigten Staaten von Amerika und brachten ihre religiösen und philosophischen Ideen mit. Buddhismus und Zen prägten die kulturelle Atmosphäre jener Zeit. Ich erinnere mich an eine populäre Maxime dieser Jahre, die feststellte: «Du kannst nur behalten, was du loslassen kannst.» Diese paradoxe Einsicht kann uns auch helfen, unsere Einstellung zum Tod zu entkrampfen und etwas weniger Angst zu empfinden.

Wenn wir einen geliebten Menschen verlieren, dann trauern wir. Aber manchmal sind wir auch verzweifelt und wissen nicht, wie wir weiterleben sollen. Die buddhistische Antwort auf den Tod lautet: Die Person, die wir lieben, ist immer noch da. Sie ist ganz in der Nähe. Sie ist in uns und sie lächelt uns zu. Der geliebte Mensch ist nicht verloren, aber er begegnet uns in einer anderen Manifestation, in einer anderen Gestalt – im Gesang der Vögel, im Rauschen des Windes oder in den Blättern der Bäume.

Wie alles auf dieser Welt hat die Person sich verwandelt. Das Geheimnis der Verwandlung können wir leichter verstehen, wenn wir uns der Natur zuwenden. Ein besonderer Verwandlungskünstler ist das Wasser. Es begegnet uns in der Wolke, im Regen, im Schnee und im Wasser. Unser eigener Körper besteht im Wesentlichen aus diesem magischen Element. Von ihm können wir lernen, unsere Vergänglichkeit zu akzeptieren und uns auf die Transformationen einzustellen, die uns erwarten.

Auf den ersten Blick denken wir, dass Wolken, Schnee, Regen und Wasser vier verschiedene Dinge sind, aber in Wirklichkeit handelt es sich um dieselbe Realität.

Wir erzählen den Teilnehmern hier die Geschichte von einem kleinen Fluss. Die Geschichte dient uns als Metapher für die Transformation, der alles unterliegt, was existiert. Dieses Wissen kann unsere Todesangst kleiner machen.

Anleitung

Ich möchte dir die Geschichte vom kleinen Fluss erzählen. Du hast mehr davon, wenn du ihr in einem Zustand tiefer Entspannung folgst. Und wenn du magst, kannst du dabei die Augen schließen...

Mach es dir bequem... Rück etwas hin und her, damit du noch bequemer sitzt... Du kannst dich jederzeit bewegen... Diese Zeit gehört dir... Du musst dich um nichts anderes kümmern, du hast nichts anderes zu tun... Genieße die Ruhe... Wenn du auf deinen Atem achtest, wirst du bemerken, dass die Luft ein wenig kühler ist, wenn du einatmest... und wenn du ausatmest... ist sie ein wenig wärmer und feuchter... ein Atemzug zur Zeit... einfach und leicht... Vielleicht möchtest du deine Atemzüge zählen: eins... zwei... drei... vier... fünf... und wieder zurück: fünf... vier... drei... zwei... eins... ganz einfach und leicht... ein Atemzug zur Zeit... sanft und ruhig... Lass dich von diesem Rhythmus entspannen...

«Der kleine Fluss entspringt aus einer Berghöhle. Am Anfang ist er ganz klein und jung und möchte so schnell wie möglich das Meer erreichen. Er hat noch nicht gelernt, wie man in Frieden im Augenblick leben kann. Er hat es eilig, weil er noch so unerfahren ist. Er kennt noch nicht das Glück des Bewusstseins: ‹Ich bin zu Hause... ich bin angekommen...› Darum stürzt er sich eilig von den Bergen hinab in die Ebene und wird zum Fluss...

In der Ebene muss der Fluss sich langsamer bewegen. Das irritiert ihn, und er bekommt Angst, dass er das Meer nie erreichen wird. Und weil er gezwungen ist, sich langsamer zu bewegen, bekommt sein Wasser eine glatte Oberfläche. Darin können sich die Wolken des Himmels spiegeln – rosa, silbern und weiß. Jede Wolke hat ihre eigene interessante Form. Der Fluss verliebt sich in die wunderschönen Wolken, und damit beginnt sein Leid, weil die Wolken so wandelbar sind. Sie bewegen sich mit dem Wind und lassen den Fluss oft allein. Der Fluss bekommt Liebeskummer. Immer wieder versucht er, die Wolken festzuhalten. Aber das gelingt ihm nicht, und darum wird der Fluss traurig...

An einem stürmischen Tag bläst der Wind alle Wolken weg. Der Himmel ist eine große blaue Kuppel und vollständig leer. Der Fluss ist verzweifelt. Es gibt auch nicht eine Wolke, die er spiegeln könnte. Das unendliche Blau macht das Herz des Flusses traurig. ‹Welchen Sinn hat mein Leben ohne die Wolken? Welchen Sinn hat mein Leben ohne die Liebe?› Der Fluss möchte sogar sterben, aber wie könnte ein Fluss das tun? Darum weint er die ganze Nacht, und die Tränen lassen sein Wasser ein wenig ansteigen. In dieser Nacht hört der Fluss sein eigenes Weinen. Es ist die Stimme der Wellen, die ans Ufer plätschern. Sein eigenes Weinen bringt dem Fluss eine wunderbare Einsicht: Er entdeckt seine Verwandtschaft mit den Wolken. Die Wolken sind ja auch aus Wasser gemacht. Darum denkt der Fluss: ‹Muss ich wirklich den Wolken hinterherlaufen? Das müsste ich nur tun, wenn wir nicht miteinander verwandt wären.›

In dieser Nacht der Einsamkeit erwacht der Fluss und entdeckt, dass er gleichzeitig die Wolke ist. Diese Einsicht vertreibt das Gefühl der Trauer. Der blaue, wolkenlose Himmel reflektiert die neu entdeckte Freiheit und die Unschuld des Flusses. Der Fluss versteht, dass das große Himmelsgewölbe die Heimat der Wolken ist, und zwar der sichtbaren wie der unsichtbaren. Die Wolken kommen also nicht und sie gehen auch nicht. Warum sollte der Fluss also weinen?

Am Morgen hat der Fluss noch eine andere Einsicht. Er entdeckt, dass der Himmel nicht geboren wird und dass der Himmel nicht stirbt. Er ist immer da. Das macht den Fluss friedlich und still. Jetzt kann er anfangen, auch über den Himmel nachzudenken. Das hatte er vorher nicht getan, er hatte nur nach den Wolken geschaut.

Jetzt weiß er, dass der Himmel immer da ist – Tag und Nacht. Vorher war der Fluss vor allem auf den Wandel fixiert gewesen, und er dachte in den Kategorien von Geburt und Tod. Jetzt entdeckte er das ewige Himmelsgewölbe. Nie zuvor hatte sich der Fluss so ruhig und friedlich gefühlt.

Am Nachmittag kommen die Wolken zurück. Der Fluss spürt, dass er nicht länger in bestimmte Wolken verliebt ist. Man könnte sagen, dass er sich jetzt als Freund aller Wolken fühlt. Er lächelt jeder Wolke zu, die vorbeizieht. Er heißt jede Wolke willkommen und begrüßt sie mit Zuneigung.

Der Fluss fühlt sich sehr ausgeglichen; er kann jetzt alle Wolken lieben. Er genießt ihre Nähe und reflektiert bereitwillig jede Wolke, die vorbeizieht. Und wenn eine Wolke verschwindet, dann sagt der Fluss: ‹Adieu Wolke, wir sehen uns wieder.› Dabei ist ihm sehr leicht ums Herz. Er weiß, dass die Wolke zurückkommt als Regen oder als Schnee.

Jetzt fühlt sich der Fluss vollkommen frei. Er hat nicht länger das Bedürfnis, dem Meer entgegen zu eilen. In dieser Nacht steigt ein voller Mond am Himmel auf und schickt sein Licht tief in den Fluss. Mond, Fluss und Wasser genießen ihre Nähe und die Freiheit des Augenblicks. Aller Kummer ist so fern...

Und am nächsten Morgen entdeckt der Fluss noch ein weiteres Geheimnis: Während er sich vom warmen Licht der Sonne wachküssen lässt, spürt er ein Prickeln auf seiner Oberfläche. Die Wassermoleküle an der Grenze zur Luft fangen an, zu schwingen und zu tanzen, und sie lösen sich vom Fluss und steigen auf, höher und immer höher. Sie bilden zarte Wölkchen, die immer dichter und dichter werden. Und in diesem Augenblick genießt der Fluss seine Fähigkeit zur Verwandlung, und er spricht zu den Wolken: ‹Ihr seid meine Kinder. Ich freue mich an euch. Durch euch kann ich die ganze Erde jetzt von oben sehen, und irgendwann werde ich wieder zurückkehren, im Frühling, wenn es regnet und im Winter, wenn es schneit...›

So wurde der Fluss erwachsen und von seiner Trauer befreit.»

Warum sollten wir nicht von dem Fluss lernen? Wie der Fluss sind wir selbst eine wunderbare Manifestation. In uns ist das ganze Universum zusammengekommen, um unsere Existenz zu ermöglichen – Staub von Sternen und Sonnen, die ganze Ewigkeit, das Königreich Gottes, Glück und Freiheit, all das ist in uns.

Und wenn wir wieder Unruhe spüren, Einsamkeit oder Sehnsucht, dann können wir uns an diese Geschichte und an den kleinen Fluss erinnern, und wir wissen, dass wir immer schon da sind und da sein werden...

Komm nun mit deinem Bewusstsein hierher zurück. Streck dich ein wenig und atme einmal tief aus. Öffne deine Augen und sei wieder hier, erfrischt und wach.

18 Die Vergangenheit begraben

Wenn wir uns mit dem Tod beschäftigen, dann blicken wir auch zurück auf unser Leben und stellen uns die Frage: «Was wäre, wenn der Tod jetzt an meine Tür klopfte?» Welche Projekte will ich noch abschließen? Wie will ich die letzte Zeit meines Lebens verbringen? Welche unerledigten Dinge muss ich in Ordnung bringen? Was werde ich zurücklassen? Bleibt irgendeine Erinnerung an mich zurück?

Manche Menschen haben die Tendenz, sich zu sehr mit der Vergangenheit zu beschäftigen. Sie erinnern sich an alte Verletzungen; sie denken über das Unrecht nach, das ihnen angetan wurde; sie beschäftigen sich mit dem, was sie versäumt haben. Auf diese Weise bleibt ihnen zu wenig Energie übrig, sich auf die Gegenwart zu konzentrieren. Lebendig zu sein bedeutet vor allem, in der Gegenwart zu leben. Wenn uns das gelingt, dann haben wir die besten Chancen für eine erfreuliche Zukunft.

In dieser Übung präsentieren wir eine Lehrgeschichte, die uns anregen kann, die Vergangenheit zu begraben. Die Vergangenheit ist unwichtig; wir können von ihr lernen und sie dann loslassen. Auf diese Weise vermeiden wir es, schon im Leben zu sterben.

Anleitung

Warum sitzen unsere Augen eigentlich vorn im Kopf? Du kannst die Antwort auf diese Frage tiefer verstehen, wenn du die folgende Geschichte gehört hast. Und vielleicht magst du beim Zuhören die Augen schließen...

Entspanne dich zuvor ein wenig: Mach es dir bequem... Rück etwas hin und her, damit du noch bequemer sitzt... Du kannst dich jederzeit bewegen... Diese Zeit gehört dir... Du musst dich um nichts anderes kümmern, du hast nichts anderes zu tun... Genieße die Ruhe... Wenn du auf deinen Atem achtest, wirst du bemerken, dass die Luft ein wenig kühler ist, wenn du einatmest... und wenn du ausatmest... ist sie ein wenig wärmer und feuchter... ein Atemzug zur Zeit... einfach und leicht... Vielleicht möchtest du deine Atemzüge zählen: eins... zwei... drei... vier... fünf... und wieder zurück: fünf... vier... drei... zwei... eins... ganz einfach und leicht... ein Atemzug zur Zeit... sanft und ruhig... Lass dich von diesem Rhythmus entspannen...

«Es war einmal ein Mann, der lebte in einem fernen Land. Das Land war ziemlich rückständig und unterentwickelt. Die Menschen dort arbeiten einfach und führen ein ursprüngliches Leben, ganz unkompliziert. Dies gestattet den Menschen des fernen Landes, das so weit weg ist von hier, sich auf das zu konzentrieren, was am wichtigsten ist; und sie wissen, was am wichtigsten für sie ist.

In diesem fernen Land legen die Menschen großen Wert auf ihre Beziehungen. Dem Mann in unserer Geschichte gehört ein Haus und ein Stück Land. Er bearbeitet sein Land mit großem Eifer und großem Sachverstand, darum erntet er wunderbare Früchte. Einige isst er selbst, andere verkauft er. In seiner Freizeit macht er Musik auf einem einfachen Blasinstrument, das einen wunderschönen, beruhigenden Klang hat. Trotzdem weiß dieser Mann, dass etwas in seinem Leben fehlt. Er möchte endlich eine Frau finden, mit einer Gefährtin zusammenleben. Viele Tage und Nächte begleitet ihn dieser Wunsch. Er sehnt sich nach jemandem, der in sein Leben kommt und den leeren Platz neben ihm ausfüllt...

An einem Abend spielt der Mann wieder auf seiner Flöte, als er in der Dämmerung in der Ferne eine menschliche Gestalt sieht, die auf ihn zukommt. Als die Gestalt näher herankommt, erkennt er, dass es eine Frau ist, die in seinem Alter zu sein scheint. Sie bewegt sich langsam und mit Grazie. Als sie herangekommen ist, grüßt sie den Mann und spricht mit ihm über seine Musik. Sie sagt ihm, dass sie seine sanften Töne sehr mag. Sie setzt sich zu ihm, und sie fangen eine Unterhaltung an. Sie sprechen die ganze Nacht miteinander, bis der Morgen heraufkommt. Zögernd nehmen sie Abschied voneinander und versprechen, dass sie sich am Abend dieses Tages wieder treffen werden. So geschieht es; in der Dämmerung kommt die Frau wieder zu dem Mann, der erneut musiziert. Und auch diesmal sprechen sie viele Stunden miteinander. Von nun an treffen sie sich jeden Abend.

Und eines Tages fasst sich der Mann ein Herz und fragt die Frau, ob sie ihn heiraten will. Sie verkörpert alles, was er sich nur wünschen kann. Bereitwillig stimmt die Frau zu. Mit Freuden heiratet sie den Mann und zieht zu ihm in sein Haus. Die Jahre vergehen, und beide leben glücklich und in Freuden. Sie passen gut zueinander und sie leben in Harmonie. Es scheint, dass ihr glückliches Leben bis in alle Ewigkeit so weitergehen könnte...

Aber im Laufe der Zeit wird der Mann neugierig auf die Vergangenheit seiner Frau. Als sie sich zu Beginn ihrer Liebe stundenlang unterhalten hatten, viele Tage und Monate, ging es immer darum, dass sie sich über ihre Gedanken und Gefühle austauschten und über ihre gemeinsamen Ziele. Sie hatten sich ihre gemeinsame Zukunft ausgemalt und über die Gegenwart gesprochen.

Eines Tages fängt der Mann an, nach der Vergangenheit seiner Frau zu fragen. Er fragt nach ihren Eltern, Geschwistern und nach allem, was sie früher erlebt hat. Anfangs erklärt die Frau, dass sie nicht gern über ihre Vergangenheit spricht. Der Mann deutet ihre Ablehnung so, dass sie ihm etwas verbergen möchte. Und daher setzt er ihr um so mehr zu. Je stärker er sie bedrängt, desto mehr wehrt sich die Frau und desto weiter entfernt sie sich von ihm, um dem zu entgehen. Aber der Mann lässt nicht von ihr ab, weil er glaubt, dass es irgendein schreckliches Geheimnis in ihrer Vergangenheit gibt.

Ihre Weigerung, mehr von ihrer Vergangenheit preiszugeben, stachelt seine Neugier immer weiter an. Doch da verstummt die Frau eines Tages ganz und verschwindet, ohne jemals zurückzukehren. Auf der Suche nach ihrer Vergangenheit hat der Mann die Gegenwart der Frau verloren, und jetzt hat er auch in der Zukunft keine Aussicht mehr auf ihre Gegenwart. Und all das ist so gekommen, weil der Mann nicht in der Lage war, die Vergangenheit ruhen zu lassen...»

Lass die Geschichte noch einen Augenblick in dir nachklingen...

Komm dann mit deiner Aufmerksamkeit hierher zurück, atme einmal tief aus und sieh dich hier im Raum mit geöffneten Augen um...

19 Abschied nehmen

Der Tod eines geliebten Menschen stürzt uns immer in tiefe Ratlosigkeit. Zunächst fühlen wir uns oft betäubt und stumm. Oft haben wir nicht richtig Abschied nehmen können. Haben nicht das ausgedrückt, was wir hätten sagen wollen. Das Bedauern über den unvollständigen Abschied bleibt zurück.

In dieser Übung können die Teilnehmer sich auf einen wichtigen Toten konzentrieren und ihren Abschied von ihm vervollständigen.

Anleitung

Mach es dir bequem... Rück etwas hin und her, damit du noch bequemer sitzt... Vielleicht magst du deine Augen schließen, jetzt oder etwas später. Diese Zeit gehört dir... Du musst dich um nichts anderes kümmern, du hast nichts anderes zu tun... Genieße die Ruhe... Wenn du auf deinen Atem achtest, wirst du bemerken, dass die Luft ein wenig kühler ist, wenn du einatmest... und wenn du ausatmest... ist sie ein wenig wärmer und feuchter... ein Atemzug zur Zeit... einfach und leicht... Vielleicht möchtest du deine Atemzüge zählen: eins... zwei... drei... vier... fünf... und wieder zurück: fünf... vier... drei... zwei... eins... ganz einfach und leicht... ein Atemzug zur Zeit... sanft und ruhig... Lass dich von diesem Rhythmus entspannen...

Und nun stell dir vor, dass du in einem schönen Garten bist... Die Sonne scheint und wärmt sanft deine Haut. Du schaust über den Rasen auf einen Teich, in dem eine Fontäne plätschert. In dem Wasserstrahl glitzert das Licht. Überall stehen hohe Bäume, deren Zweige und Blätter dafür sorgen, dass Licht und Schatten sich harmonisch miteinander verbinden...

Du spürst das weiche Gras unter deinen Füßen, während du durch den Garten gehst, an Beeten vorbei mit Blumen in allen möglichen Farben. Ihr Duft steigt zu dir auf... Ein sanfter Wind lässt die Blätter in Bäumen und Büschen rascheln, und du erfreust dich an den vielfältigen Klängen der Natur um dich herum – die Vögel singen... die Insekten summen... und das Wasser der Fontäne plätschert... Deine Schritte werden langsamer, du wirst ruhiger und mit jedem Schritt tiefer entspannt...

Nun kommst du zu einer kleinen Lichtung, und du setzt dich unter einen großen, alten Baum und lehnst deinen Rücken gegen den Stamm, bei dem schon viele andere Menschen Rast gemacht haben. Hier fühlst du dich sicher und geborgen und friedlich...

Und du spürst, dass schon viele vor dir hierher gekommen sind, um die Ruhe dieses Gartens zu genießen; und viele vor dir haben hier Trost gefunden für Verluste, die sie erlitten haben. Die Natur bestärkte ihre Hoffnung, dass der Tod nicht das letzte Wort hat. Denk jetzt an einen Menschen, der dir sehr nahe stand und den du irgendwann durch den Tod verloren hast. Du kannst jetzt nachholen, was du diesem Menschen vielleicht vor dem Abschied noch gern gesagt hättest. Vielleicht möchtest du dich daran erinnern, wie dankbar du bist, dass du diesen besonderen Menschen gekannt hast, wie glücklich, weil du so viele gute Erinnerungen an ihn hast, die dich so lange schon begleiten...

Und an diesem besonderen Platz hast du heute ein besonderes Privileg... Denn durch diesen Garten des Friedens kommen alle Geister der Toten auf ihrer letzten Reise, die durch das Tor in der Mauer am Ende des Gartens führt. Und dieses Tor kannst du jetzt sehen durch die Zweige der Bäume, überwachsen mit Efeu und duftendem Geißblatt...

Durch dieses Tor kannst du selbst nicht hindurchgehen, weil du dein Leben noch leben darfst. Aber du kannst von jenseits des Tores etwas hören, vielleicht Musik oder ab und zu ein Lachen, und du spürst eine Aura des Friedens, die du so noch nicht erlebt hast. Auf der anderen Seite wohnen die Geister unserer Toten, ehe sie weiterziehen zu Zielen, die wir nicht benennen können. Darunter sind auch jene, die dich beschützen und die dir Kraft geben...

Und nun stehst du vor diesem Tor. Und du hast jetzt die Erlaubnis, diesen besonderen Menschen für eine Weile zurückzuholen, damit du mit ihm sprechen kannst. Du darfst ihm Fragen stellen, und du wirst Antwort bekommen. Es ist ganz einfach für dich, du musst nur den Namen des Betreffenden sagen, dann wird er durch das Tor kommen und mit dir sprechen. Und es gibt viele Möglichkeiten für dich, diese Begegnung zu erleben. Vielleicht siehst du diesen Menschen so, wie du ihn kanntest; aber vielleicht spürst du auch nur ein Gefühl in deinem Herzen, das dir sagt, dass er da ist. Dieser Mensch kommt zu dir, damit du alles sagen kannst, was du sagen möchtest, und alles fragen, was du wissen willst. Und in deinem Herzen weißt du, dass diese Begegnung von Liebe erfüllt ist...

Und du kannst sicher sein, dass alles, was gesagt werden muss, gesagt wird, dass der Friede, den du suchst, dir geschenkt werden wird, so dass du nachher ohne Bedauern Abschied nehmen kannst, um dein Leben fortzusetzen... um weiterzugehen und deine Aufgaben im Leben zu erfüllen... begleitet von kostbaren Erinnerungen, die du dir von Zeit zu Zeit zurückrufen kannst...

Lass dir jetzt Zeit für diese Begegnung, während ich hier auf dich warte, damit du all das ausdrücken kannst, was ungesagt geblieben ist. Und du hast drei Minuten messbarer Zeit, die sich für dich viel länger anfühlen werden... (3 Minuten)

Nun ist es Zeit, dass du Abschied nimmst. Sag Adieu und spüre die Liebe, die du in dir behalten wirst, und das Gefühl von Frieden und Weisheit, das du in dieser Begegnung gewonnen hast. Gestalte deinen Abschied so, wie es für dich richtig ist, und dann sieh bitte, wie dieser Mensch zurückkehrt durch das Tor... und jetzt wieder auf der anderen Seite ist...

Behalte das Gefühl des Friedens und der Ruhe und spüre, dass das Leben jetzt für dich noch wertvoller ist, weil du deine eigenen Ziele nun deutlicher erkennen kannst...

Und jetzt komm mit deiner Aufmerksamkeit hierher zurück. Streck dich ein wenig und atme einmal tief aus. Bring alles mit, was du nicht vergessen möchtest, und bewahre es in deinem Herzen auf. Nun öffne in deinem eigenen Rhythmus die Augen und sei wieder hier, erfrischt und wach.

20 Vergeben

Wir schleppen viel emotionalen Ballast mit uns herum. Eine besondere Belastung sind Groll und Rachegedanken. Sie tauchen oft nur sporadisch in unserem Bewusstsein auf, und darum halten wir die innere Arbeit der Vergebung für irrelevant. Wir übersehen, dass unerledigter Groll unser Herz verschließt und unsere Angst vor dem Tod verstärkt.

Vergebung ist schwierig. Sie bedarf der Geduld und Entschlossenheit, nur dann können sich Härte und Bitterkeit in uns auflösen.

Die folgende Übung hat drei Teile: Im ersten Teil betrachten wir unseren Widerstand; im zweiten Teil betrachten wir unsere ärgerlichen Gefühle; im dritten Teil versuchen wir zu vergeben in dem Wissen, dass das nicht gleichbedeutend ist mit der Billigung von altem Unrecht.

Anleitung

Mach es dir bequem... Rück etwas hin und her, damit du noch bequemer sitzt... Vielleicht magst du die Augen schließen, jetzt oder etwas später... Diese Zeit gehört dir... Du musst dich um nichts anderes kümmern, du hast nichts anderes zu tun... Genieße die Ruhe... Wenn du auf deinen Atem achtest, wirst du bemerken, dass die Luft ein wenig kühler ist, wenn du einatmest... und wenn du ausatmest... ist sie ein wenig wärmer und feuchter... ein Atemzug zur Zeit... einfach und leicht... Vielleicht möchtest du deine Atemzüge zählen: eins... zwei... drei... vier... fünf... und wieder zurück: fünf... vier... drei... zwei... eins... ganz einfach und leicht... ein Atemzug zur Zeit... sanft und ruhig... Lass dich von diesem Rhythmus entspannen...

Konzentriere dich nun auf einen Menschen, gegen den du alten Groll hegst. Spüre einen Augenblick deine innere Antwort, wenn du die Möglichkeit der Vergebung in Betracht ziehst... Wie lange möchtest du dein Herz für diese Person noch verschließen?... Wenn du nur noch ein paar Tage zu leben hättest, möchtest du dann ärgerlich und bitter bleiben?... (1 Minute)

Denke an die Situation, die deinen Groll entzündet hat. Spüre, was in dir vorgeht... Spüre die Gefühle in deinem Körper, ohne einzugreifen. Erlebe das Ausmaß deiner Weigerung, diesem Menschen zu vergeben. Bemerke deinen Widerstand, ohne dich dafür selbst zu verurteilen. Wie fühlen sich alter Ärger und Zorn in deinem Körper an? Wie fühlt sich die alte Verletzung in deinem Körper an? Wie fühlt es sich an, dass du diesen Menschen aus deinem inneren Leben verbannst?...

Gestatte dir, dein Bewusstsein so weit auszudehnen, dass du deinen Widerstand zulassen kannst. Mach dein Bewusstsein noch weiter, indem du die Geräusche in diesem Raum hörst, indem du die Temperatur in diesem Raum spürst... Bemerke, wie anders sich dein Widerstand anfühlt, wenn du ihn mit einem Gefühl innerer Weite umgibst... (1 Minute)

Fang nun an, in der Vorstellung durch dein Herz ein- und auszuatmen... Und wenn du das nächste Mal einatmest, stell dir vor, dass du die Präsenz dieses Menschen, der dir wehgetan hat, in dein Herz bringst. Wenn du ausatmest, musst du nichts Besonderes tun, einfach gründlich ausatmen. Verzichte auf jedes Urteil und erlebe, welche Gefühle sich melden. Spürst du Ärger, Groll und Bitterkeit?... Spürst du Angst oder Trauer?... Frage dich einfach: «Was meldet sich dort?» und bemerke, was du in deinem Körper und in deinem Herzen empfindest.

Wahrscheinlich gehen dir auch altvertraute Gedanken durch den Sinn, Erinnerungen und Rechtfertigungen. Halte dich nicht an ihnen fest, und stell dir vor, dass du weiter in dein Herz hineinatmest. Wo in deinem Körper empfindest du Enge, Anspannung, Härte? Wo spürst du Schmerz, Zittern oder Prickeln? Welche anderen Symptome kannst du in deinem Organismus bemerken? Frage dich einfach: «Was spüre ich da?...»

Bleibe bei deinen körperlichen Symptomen, solange es notwendig ist... bis du nicht mehr das Bedürfnis hast, sie wegzuschieben, und von Zeit zu Zeit kannst du dein Bewusstsein weiter machen, indem du die Geräusche im Raum hörst, die Geräusche, die von draußen hereinkommen... indem du die Temperatur der Luft spürst. Und vergiss nicht zu atmen... (3 Minuten)

Und nun kehre mit deiner Aufmerksamkeit zu dem Menschen zurück, dem du vergeben möchtest. Atme seine Präsenz in dein Herz hinein, so tief es dir möglich ist. Dann sprich den Namen dieser Person aus und sage zu ihr:

Ich vergebe dir... Ich vergebe dir... was immer du mir angetan hast... Gleichgültig, ob du absichtlich oder unabsichtlich so gehandelt hast...

Ich vergebe dir... was du getan hast und was du gesagt hast...

Ich vergebe dir... weil ich weiß, dass der Ursprung für deine Handlung in deinem eigenen Leid liegt. (1 Minute)

Wenn du diese Aussagen gleich wiederholst, dann verwende deine eigenen Formulierungen. Wiederhole sie so oft, bis du spürst, dass sich die Wand zwischen dir und der anderen Person aufzulösen beginnt...

Wenn du bemerkst, dass du noch nicht vergeben kannst, dann atme weiter in dein Herz und entschließe dich dazu, die Möglichkeit der Vergebung zu einem späteren Zeitpunkt in Betracht zu ziehen

Nun kannst du die Arbeit der Vergebung für heute abschließen und sie später für dich allein fortsetzen.

Komm mit deiner Aufmerksamkeit hierher zurück. Bewahre alles, was für dich wichtig ist, in deinem Gedächtnis auf.

Streck dich ein wenig und atme einmal tief aus. Öffne in deinem eigenen Rhythmus die Augen und sei wieder hier, erfrischt und wach.

21 Trauerrede

Dies ist eine weitere Möglichkeit, die eigene innere Einstellung zum Sterben zu erforschen. Dabei greifen wir unser Bedürfnis auf, nicht spurlos von der Erde zu verschwinden, sondern etwas zurückzulassen, was wertvoll, dauerhaft und für andere nützlich ist. Woran werden sich die anderen erinnern, wenn wir nicht mehr da sind? Diese Überlegungen können uns anregen, mehr darauf zu achten, in der uns verbliebenen Lebenszeit nicht nur an unsere eigenen Bedürfnisse zu denken, sondern uns immer wieder die klassische Frage zu stellen: Wie kann ich helfen? Wie kann ich ein Segen sein für andere?

Damit die Teilnehmer sich dieser Aufgabe stellen können, müssen sie sich in der Gruppe sicher fühlen. Schlagen Sie diese Übung deshalb nur vor, wenn die Gruppenmitglieder untereinander und zu Ihnen als Gruppenleiter ein stabiles Vertrauensverhältnis entwickelt haben.

Die Teilnehmer benötigen Papier und Bleistift.

Anleitung

Stell dir vor, dass du schon vor ein paar Tagen gestorben bist. Du hattest Zeit, dich auf deinen Tod vorzubereiten, und es konnten alle Menschen bei dir sein, deren Gegenwart du dir gewünscht hast.

Stell dir nun die Trauerfeier vor. Ich weiß nicht, ob du dir eine große Trauerfeier wünschen würdest oder eine kleine, intime. Beides ist möglich. Jemand wird die Ansprache halten. Und du hast jetzt das Privileg, deine eigene Trauerrede zu formulieren.

Die wenigsten Menschen kommen auf die Idee, eine Grabrede für sich selbst zu formulieren. Das ist schade, denn diejenigen, die diese Aufgabe dann übernehmen, sind fast immer überfordert. Eine eigene Trauerrede zu formulieren, ist ein kleiner Tabubruch, denn wir haben gelernt, dass wir bescheiden sein sollen und uns nicht selbst rühmen dürfen. In dieser Rede hast du ausdrücklich die Aufgabe, auch über all das zu sprechen, was dir in deinem Leben gelungen ist, wie du an dir gearbeitet hast, wie du für andere da gewesen bist, welche Menschen du besonders gefördert hast.

Aber du sollst auch Selbstkritik ausdrücken und darüber sprechen, was dir nicht geglückt ist, wo du gescheitert bist, wo du Unrecht getan hast, wo du andere verletzt hast und natürlich auch, wie du dich selbst ungerecht behandelt, und an welchen Stellen du dein Potential vernachlässigt hast.

Bemüh dich in deinem Text um die Wahrheit. Drücke Licht und Schatten in deinem Leben aus. Bemerke dabei deine Gefühle und spüre, wie wohltuend sich Ehrlichkeit auf dein Herz auswirkt.

Bitte berücksichtige auch, dass du in dieser Trauerrede nicht alles sagen musst. Diese Rede soll keine Beichte sein. Sie ist dein letztes Wort an die Menschen, die um dich trauern. Sie soll auch trösten. Sie ist dein letzter Liebesdienst. (30 Minuten)

(Nach der Abfassung der Trauerrede ist eine kurze Pause von fünf Minuten angezeigt. Anschließend kommt die Gruppe wieder zusammen, und jeder, der das möchte, kann einen anderen Teilnehmer auswählen, um seine Rede zu verlesen. Die Gruppe bemüht sich, diese Reden mit Respekt und Mitgefühl zu hören. Die Einzelheiten sollen nicht kommentiert werden. Es kann ratsam sein, dass die Gruppe nach jeder Rede sehr kurz emotionale Reaktionen ausdrückt.)

22 Letzte Worte

Das folgende Ritual sollten Sie nur dann vorschlagen, wenn sich eine Gruppe bereits intensiv mit der Sterbethematik beschäftigt hat. Ich denke dabei vor allem an Mitglieder helfender Berufe, die bereits genügend Selbsterfahrung haben. Außerdem ist erforderlich, dass die Gruppenmitglieder untereinander und zu Ihnen als Leiter ein stabiles Vertrauensverhältnis entwickelt haben. Nur dann können sie sich für dieses Experiment so weit öffnen, dass sie etwas davon haben.

Die Struktur der Übung greift das Überraschungsmotiv auf, wenn unser Tod eilig und unerwartet kommt.

Sie benötigen zwei Schachteln mit Streichhölzern.

Anleitung

Ich möchte euch zu einem kurzen und dramatischen Experiment einladen. Wahrscheinlich werdet ihr dieses Experiment nicht mögen. Aber es kann jedem von uns wertvolle Anstöße geben. Bitte gestattet euch heftige Gefühle und wenn nötig auch eine starke innere Abwehr.

Sehr oft trifft der Tod die Menschen unvorbereitet. Dann muss jeder von uns auf die Ressourcen zurückgreifen, die er sich im Laufe seines Lebens geistig, psychologisch und spirituell erarbeitet hat.

Jeder soll zunächst prüfen, ob er sich mit dieser krassen Herausforderung konfrontieren möchte... Es besteht auch die Möglichkeit, als Beobachter von außerhalb des Kreises innerlich dabei zu sein.

Und nun schiebt die Stühle zurück, so dass wir zusammen im Kreis stehen können. Bitte betrachtet den Kreis als symbolische Form unserer Solidarität und unseres gemeinsamen Schicksals. Jeder von uns muss sterben – früher oder später. Niemand von uns kennt den Zeitpunkt. Und wir sind alle davon überzeugt, dass es sich lohnt, mit dem Tod zu rechnen.

Nun zum Experiment: Reihum bekommt jeder diese Streichholzschachtel, und jeder soll dann ein Streichholz entzünden und sich auf die Flamme konzentrieren, die zwei Dinge symbolisiert – unsere Vergänglichkeit und das, was in uns vielleicht unvergänglich ist. Und solange wir das brennende Streichholz in der Hand halten, werden wir unsere letzten Worte sprechen und uns dabei vorstellen, dass unser Bewusstsein in dem Augenblick verlischt, in dem die Flamme ausgeht oder ausgeblasen wird... Wenn wir die Flamme ausblasen, dann symbolisiert das unseren letzten Atemzug auf dieser Erde...

Jeder von uns muss herausfinden, was seine letzten Worte sein sollen und an wen sie sich richten. Wir anderen hören mit Respekt und Anteilnahme zu. Und wer immer gesprochen hat, achtet darauf, sich anschließend wieder gut zu «erden» und tief und gleichmäßig zu atmen...

Ich selbst werde als Letzter meine finalen Worte formulieren.

(Wählen Sie die Person, die Ihnen geeignet erscheint, um das Experiment zu eröffnen.

Das Ritual soll gründlich besprochen werden. Richten Sie es so ein, dass dafür eine ganze Gruppensitzung zur Verfügung steht. Sie können die Auswertung mit einem Blitzlicht beginnen, indem jeder kurz über seine Gefühle spricht.)

23 Abgerufen werden

Auch in dieser Übung berücksichtigen wir die Tatsache, dass der Tod eigentlich immer überraschend kommt, auch dann, wenn wir wissen, dass wir nur noch eine bestimmte Zeit zu leben haben. Wenige Menschen empfinden so viel Demut, dass sie in der Unvorhersagbarkeit ihres Todes nicht eine gewisse Zumutung erblicken. Andererseits gibt uns dieser Umstand auch Freiheit. Wir können immer neu entscheiden, den Tod zu ignorieren und uns dem Leben zuzuwenden.

Auch diese Übung sollte nur durchgeführt werden, wenn die Teilnehmer ein stabiles Vertrauen zueinander und zum Gruppenleiter entwickelt haben. Die Belastung ist ähnlich hoch wie bei dem vorangehenden Experiment.

Auch bei dieser Übung empfehle ich, dass sich der Gruppenleiter beteiligt, weil das von den Teilnehmern als hilfreich empfunden wird.

Für jeden Teilnehmer benötigen Sie einen schmalen Streifen Papier, der wie ein Los zusammengerollt werden soll. Jeder Teilnehmer schreibt auf einen dieser Papierstreifen seinen Namen. Alle Lose sollen in ein kleines Gefäß gelegt werden.

Anleitung

Heute möchte ich euch zu einer Übung einladen, die euch Gelegenheit gibt, eure Todesangst deutlich wahrzunehmen.

Die meisten von uns haben wenig Gelegenheit, den Tod aus einer praktischen Perspektive zu studieren. Wir begegnen sterbenden oder toten Menschen eher selten. Auf diese Weise kann uns der Tod nur schwer vertraut werden. Und was uns nicht vertraut ist, das ruft starke Ängste in uns hervor.

Die kommende Übung wird euch etwas besser mit dem Tod vertraut machen, vor allem mit der Tatsache, dass er uns in der Regel überrascht. Aber wir können versuchen, uns auch darauf einzustellen.

Wir brauchen zunächst einen Freiwilligen, der als «Zeitnehmer» dafür sorgt, dass wir die Struktur der Übung einhalten. Ich wünsche mir jemanden für diese Aufgabe, der ruhig und besonnen seine Arbeit tut und sich nicht irritieren lässt von den anderen Vorgängen in der Gruppe. Wer würde sich für diese Rolle zur Verfügung stellen?... (Der Freiwillige sollte sich melden, ehe der genaue Verlauf der Übung bekannt ist.)

Wir Übrigen werden uns in der Mitte des Raumes zusammensetzen und uns unterhalten. Unser Thema lautet provozierend: «Methusalem oder James Dean?» Die Menschen werden heute im Durchschnitt sehr viel älter als früher. In den einzelnen Familien und in einzelnen Biographien ereignen sich viele Todesfälle früher als es nach der Statistik zu erwarten wäre. Wir wollen also ganz konkret bleiben und uns darüber unterhalten, wie alt die Menschen in unserer eigenen Familie geworden sind. Und wir können darüber sprechen, mit welchem Alter wir für uns selbst rechnen und wie alt wir gerne werden würden. Da kann es durchaus eine Differenz geben. Während wir uns über die Dauer unseres Lebens unterhalten, werden wir das Wirken des Schicksals simulieren. Der Tod wird anklopfen und auf unvorhersehbare Weise jeden von uns abberufen. Diese «Intervention des Schicksals» wird mit Sicherheit viele Gedanken und Gefühle bei jedem von uns auslösen, und die können wir in unserem Gespräch zum Ausdruck bringen.

Wie soll diese Intervention vor sich gehen? Jeder von uns schreibt seinen Namen auf einen Papierstreifen und rollt diesen dann zu einem Los zusammen. Alle Lose legen wir in ein Körbchen, und der Zeitnehmer nimmt dieses Körbchen an sich. Zuerst werden wir zehn Minuten «sichere» Zeit haben, in der wir nicht mit dem Tod rechnen müssen. Aber genau nach zehn Minuten wird der Zeitnehmer ein erstes Los auswählen und den Namen mitteilen, der darauf steht. Das betreffende Gruppenmitglied muss unseren Kreis der Lebenden verlassen und kann dann entscheiden, ob es hier im Raum bleiben und vom Rande verfolgen will, wie dieses Experiment weitergeht, oder ob es lieber den Raum verlässt, um darüber nachzudenken, welche Gedanken und Assoziationen durch dieses zufällige Ereignis angestoßen werden.

Und genau nach weiteren drei Minuten zieht der Zeitnehmer das zweite Los, und wieder wird unsere Diskussionsrunde dezimiert. So geht es weiter; der Kreis der Lebenden wird kleiner, und die Zahl der Abberufenen wird größer. Diese Struktur führt dazu, dass die Simulation immer intensiver erlebt wird. Es ist sehr wahrscheinlich, dass dabei auch schwierige Gefühle wachgerufen werden, Ärger und Trauer. Gleichzeitig werden auch unsere Widerstände wachgerufen, und jeder kann bei sich vielleicht feststellen, mit welchen Überlegungen er den Ernst dieser Simulation abschwächen möchte.

Jeder von uns wird am meisten von diesem Experiment haben, wenn er zwischendurch immer wieder die Position des Beobachters einnimmt und auch die eigenen Gedanken und Gefühle deutlich wahrnimmt und Verständnis für sie zeigt. Dieses Experiment ist kein Wettbewerb in Weisheit. Wir konfrontieren uns vielmehr mit unserer Verletzlichkeit, an der auch die großen Erfolge der Medizin im Kern nichts ändern können. Aber wir haben auch die Chance, dass wir etwas deutlicher erleben können, was uns gerade angesichts des Todes trösten kann, nämlich die erstaunliche Weite und Kraft unseres Bewusstseins. Vielleicht liegt in unserem Bewusstsein jener Teil von uns, der unvergänglich ist.

Schließlich möchte ich auch noch darauf aufmerksam machen, dass wir bei dieser ernsten Simulation auch Gelegenheit haben, etwas zu erleben, was das Sterben erträglicher macht: die menschliche Gemeinschaft. Niemand ist bei diesem Experiment allein. Alle die Menschen, die uns in dieser Gruppe vertraut geworden sind, sind anwesend. Wir können zusammenrücken und liebevoll auf den Ernst der Situation reagieren...

Auch ich möchte mich an diesem Experiment beteiligen.

(Das Experiment ist zu Ende, wenn auch der Name des letzten Gruppenmitgliedes genannt wurde und der Betreffende den inneren Kreis verlassen hat.

Dann sollte eine kurze Pause von ca. fünf Minuten eingelegt werden. Anschließend kommt die Gruppe zur Auswertung zusammen, für die genügend Zeit eingeplant werden muss, ca. 60 bis 90 Minuten.)

24 Der letzte Wille

Wir gehen leichter durchs Leben, wenn wir unseren letzten Willen formuliert haben. Hier stellen sich zwei Fragen: Was soll am Ende mit unserem Körper geschehen? Was soll am Ende mit unserem Besitz geschehen? Wenn diese Fragen beantwortet sind, können wir uns leichter auf die unvergängliche Seite unserer Existenz konzentrieren.

Die meisten Menschen haben einen beträchtlichen Widerstand gegen solche Vorbereitungen. Wir sind so sehr mit unserem Körper und unserem Besitz identifiziert, dass wir eine Trennung davon als überaus schmerzlich empfinden. Bei der Vorbereitung auf den Tod geht es darum, dass wir unsere Abhängigkeit von Körper und Besitz schrittweise lockern.

Darum fordern wir in dieser Übung die Teilnehmer auf, ihren letzten Willen zu formulieren. Dieser letzte Wille hat drei Komponenten: Wir beginnen mit einer Patientenverfügung, es folgen die Anweisungen über unsere Bestattung und das Testament über unseren Besitz.

Auch hier können wir mit gemischten Gefühlen der Teilnehmer rechnen und mit Widerstand.

Für die meisten Teilnehmer ist diese Arbeit eine Abenteuerreise, auf der sie überrascht feststellen, welche Auswirkung diese Entschlüsse auf ihr Lebensgefühl haben können.

Die Teilnehmer brauchen Papier und Bleistift.

Anleitung

Wenn wir uns auf den Tod vorbereiten, dann gehört dazu auch die Frage: Was soll am Ende des Lebens mit unserem Körper geschehen und was soll aus unserem Besitz werden? Beide Fragen sind heikel, weil Körper und Besitz in unserer Kultur eine so wichtige Rolle spielen. Und gerade deshalb macht es Sinn, dass wir diese Dinge regeln. Dann hat unser Herz anschließend mehr freien Raum, und auch unsere Beziehungen können sich besser entwickeln. Unser Übergang in die andere Welt kann einfacher und klarer werden. Ohne schweres Gepäck gehen wir leichter.

Formuliere nun bitte deinen letzten Willen, in dem du die wichtigsten Dinge regelst:

1. Zunächst soll es um deinen Körper gehen in der letzten Phase deines Lebens. Die Medizin hat erstaunliche Möglichkeiten entwickelt, wie sie unseren Körper künstlich weiterarbeiten lassen kann, auch wenn wir unser klares Bewusstsein verloren haben. Wie wünschst du

dir den Einsatz der Medizintechnik am Ende deines Lebens, in dem Fall, dass dir ein Sterben in mehreren Schritten beschieden ist?

2. Die nächste Frage betrifft deinen toten Körper. Was soll damit geschehen? Möchtest du, dass dein Körper verbrannt wird? Was soll dann mit der Asche geschehen? Soll deine Asche in der Erde versenkt oder an bestimmten Orten verstreut werden oder soll sie sich im Wasser des Meeres auflösen? Und wie schnell soll dein Körper seine letzte Ruhe finden? Soll er noch am selben Tage beigesetzt werden oder einige Tage aufgebahrt sein, damit andere für dich beten und ihren Beistand ausdrücken können? Soll dein Körper intakt bleiben und in die Erde versenkt werden? Während du diese Überlegungen anstellst, kannst du dir klar machen, dass dies vor allem stilistische Fragen sind, die aber ihre Bedeutung haben. Ganz unberührt davon bleibt die Möglichkeit, dass die Lebenden nie aufhören, mit den Toten zu sprechen. Das Herz der Lebenden ist die Brücke zu den Toten.

3. Und schließlich kannst du die Entscheidung treffen, was mit deinem Besitz geschehen soll. Sollen die Mitglieder deiner Familie deine Erben sein? Möchtest du mit deinem Besitz jene Institutionen unterstützen, die wichtige Aufgaben für die Menschheit übernommen haben? Hast du wichtige persönliche Objekte, in denen sich deine Persönlichkeit ausdrückt? In wessen Händen möchtest du diese Dinge wissen über deinen Tod hinaus?

Wenn du all diese Fragen beantwortest, dann sei dir bitte klar, dass du damit Verschiedenes erreichen kannst: Du kannst dich erleichtern von den Bürden der Materie, und du kannst deinem Geist und deinem Herzen Erleichterung schenken; außerdem kannst du in deine Beziehungen mehr Klarheit und Liebe bringen. Dein letzter Wille wirkt sich auf die Menschen aus, die dir wichtig sind, und auf die, für die du wichtig bist. Entscheide dich so, dass du sie damit förderst und Weisheit und Liebe in ihrem Leben stärkst.

Und nun nimm bitte Papier und Schreibzeug und formuliere deinen letzten Willen. Bemerke dabei auch den Tanz deiner Gefühle und deiner Gedanken. Gestatte dir vor allem auch gemischte Gefühle – Ärger und Trauer – und bemerke, wie sich immer mehr Klarheit und innere Ruhe einstellen können. Lass dir Zeit und geh dabei jetzt nur so weit, wie du heute gehen kannst. Was du heute schreibst, soll nicht unabänderlich sein, sondern es ist ein Schritt in einer Reihe von mehreren Schritten. Lass dir eine halbe Stunde Zeit dafür.

(Anschließend kommen die Teilnehmer in Trios zusammen. Sie lesen ihre Notizen vor und tauschen sich aus; 20 bis 30 Minuten)

25 Regenbogen der Geister

Als letzte Aktivität habe ich ein Ritual ausgewählt. In allen Kulturen, und auch bei uns, spielen Rituale bei Sterben und Tod eine wesentliche Rolle. Die Bedeutung der Rituale besteht vor allem darin, die Menschen in einer schwierigen und dramatischen Zeit zusammenzubringen, damit Respekt und Liebe füreinander ausgedrückt werden können. Rituale sind besonders wichtig für die Sterbenden, aber auch die Überlebenden sind auf Rituale angewiesen. Für sie geht es darum, die innere Verbindung zu ihren Toten zu behalten, einen bewussten Schritt in Richtung auf den eigenen Tod zu machen und sich gleichzeitig entschiedener und liebevoller wieder dem Leben zuzuwenden.

Das hier vorgestellte Ritual ist für die Überlebenden gedacht. Ich hoffe, dass es die Gruppenmitglieder anregt, verstärkt über Rituale nachzudenken, und sich in den Übergangssituationen des Lebens häufiger von Ritualen helfen zu lassen.

Für die meisten Rituale benötigen wir Objekte, auf die sich unser Bewusstsein konzentrieren kann. Sie sind die Katalysatoren für unsere innere Erfahrung. In diesem Falle bitten wir die Teilnehmer, zwei Fotos mitzubringen von Toten aus ihrer Familie. Es sollen Fotos von Menschen sein, zu denen sie eine innere Verbindung haben, eine Verbindung der Liebe, des Respektes, der Wertschätzung. Außerdem ist es hilfreich, wenn eine Pinnwand zur Verfügung steht, an der wir die Fotos befestigen und arrangieren können, so dass Stück für Stück ein «Regenbogen der Geister» entsteht.

Die Gruppe soll wissen, dass sie in dieser Sitzung zu einem feierlichen Ritual zusammengekommen ist. Niemand kennt die Struktur des Rituals, jeder ahnt, dass die Toten der Familie eine gewisse Rolle spielen werden.

Das Ritual braucht einen besonderen Rahmen, der nicht zu kompliziert sein darf. Stellen Sie die Pinnwand mit einem kleinen Tisch daneben in den Stuhlkreis. Auf dem Tisch soll ein Strauß mit frischen Blumen stehen und ein Leuchter mit einer noch nicht angezündeten Kerze. Der erste Schritt in dem Ritual ist ein gemeinsamer Imbiss. Es sollen Kekse und passende Getränke bereitstehen – Tee, Kaffee, Säfte – so dass sich die Gruppenmitglieder zunächst gemeinsam stärken und sich dabei locker unterhalten können. Dieser Beginn hebt die Sitzung aus den üblichen Gruppensitzungen heraus, und das ist wichtig. Nach fünfzehn bis zwanzig Minuten kann der Gruppenleiter das Ritual eröffnen. Die Gruppe sitzt dabei in der üblichen Weise im Stuhlkreis zusammen.

Anleitung

Ich habe euch heute zu einem Ritual eingeladen, das einen neuen Akzent setzen kann in unserer gemeinsamen Arbeit. Es wird unsere Phantasie anregen und ein Gegengewicht bilden zu der Beschäftigung mit uns selbst, mit unseren Gefühlen und Gedanken angesichts unserer Sterblichkeit. In diesem Ritual wenden wir uns symbolisch unseren Vorfahren zu. Sie sind wichtig für uns; und auch wenn sie schon tot sind, leben sie in uns weiter, in unseren Genen und in unseren Herzen, in unseren Träumen und in unserer Phantasie.

Die Anregung zu diesem Ritual kommt von einer fernen Insel, die eine besondere Beziehungskultur entwickelt hat und eine besondere Einstellung zum Leben und Sterben. Wer sich mit Schamanismus beschäftigt, weiß, dass die eingeborenen Heiler von Hawaii, die sogenannten Kahuna, berühmt sind für ihre Weisheit und für ihren Humor.

Die Menschen auf Hawaii glauben, dass die Sterbenden manchmal das Glück haben, um den Mond herum einen nächtlichen Regenbogen zu sehen, in dem ihnen die Geister der Vorfahren erscheinen. All die Verwandten, die bereits tot sind, kommen zurück, und der Sterbende sieht sie am Nachthimmel. Die Geister der Familie schenken dem Sterbenden Wissen und Stärke. Manchmal ist ihre Hilfe so stark, dass Todkranke genesen. Man sagt auf Hawaii, dass dieser nächtliche Regenbogen das größte Geschenk ist, das man bekommen kann.

Wir können diese spirituelle Praxis aus Hawaii in ein eigenes Ritual verwandeln mit verwandten Themen. Wir werden unseren Regenbogen der Familiengeister symbolisch entstehen lassen und uns daran erinnern, dass unsere genetischen, intellektuellen und emotionalen Wurzeln in unsere Familien zurückreichen. Die Toten unserer Familien sind uns vorangegangen. Mit unserem analytischen Verstand können wir nicht genau sagen, wo sie sind, aber wir können in unseren Herzen ihre Präsenz spüren. Wir können sie draußen in den Wolken sehen oder in den Blumen dieser Vase oder in der Flamme der Kerze, die ich jetzt entzünden werde. Jeder von uns geht dem Tod entgegen, und wir wissen nicht, wann wir sterben werden. Wir haben gemischte Gefühle, und wir ahnen, dass unsere Gefühle sehr heftig sein können, wenn unsere Zeit gekommen ist. Und immer, wenn wir uns im Leben sehr verletzlich fühlen, können wir auch erleben, wie tröstlich es ist, nicht allein zu sein. Wenn wir die Präsenz der Menschen spüren, die wir schätzen und lieben, dann fühlen wir Sicherheit und Geborgenheit.

Auch jetzt können wir solche Gefühle spüren, wenn wir in die Gesichter der anderen Gruppenmitglieder schauen, mit denen wir im

Laufe der Zeit so vertraut geworden sind. Und wir können Sicherheit erleben, wenn wir auf die Gesichter unserer Toten schauen, deren Fotos wir mitgebracht haben. Diese Menschen sind schon vor einer Weile von uns gegangen und vielleicht sind viele Dinge nicht ausgedrückt worden, die wir diesen Menschen aus heutiger Sicht gerne sagen würden. Wir haben jetzt die Gelegenheit, diese Beziehungen mit neuem Leben zu füllen.

Wie können wir das mit unserem Ritual bewirken? Aus eigener Kraft ist uns das nicht möglich. Wir brauchen dazu die innere Mitwirkung unserer Toten.

Immer einer von uns geht mit seinen Fotos an die Pinnwand. Er stellt uns jeden Toten vor und gibt einen kurzen Lebensabriss. Dadurch erfahren wir, welches Vermächtnis diese Menschen hinterlassen haben, das es ihren Nachfahren vielleicht leichter macht, zu leben und zu sterben. Dann werden die beiden Fotos an der Pinnwand befestigt. Im Laufe der Zeit wird sich hier so etwas wie ein Regenbogen bilden. Wir anderen hören respektvoll zu. Vielleicht wird uns manchmal zum Weinen zumute sein und manchmal zum Lachen.

Dies soll keine Übung in Feierlichkeit sein, eher ein Fest der Liebe. In Mexiko tanzen die Menschen an Allerseelen auf den Gräbern und veranstalten dort Picknicks. Es ist die Kraft der Liebe, die den Tod überwindet. Und so wollen wir es jetzt halten und uns überraschen lassen. Ich glaube fest daran, dass der «Geist» der Toten sich melden wird als Weckruf, als Trost, als Inspiration...

(Wenn alle Fotos an der Pinnwand ihren Platz gefunden haben, kommt die Schlussphase des Rituals: Der Tisch mit der brennenden Kerze wird in die Mitte des Kreises gestellt.) Wir fassen einander an den Händen und zeigen damit symbolisch unsere Verbundenheit und Liebe. Wir danken den Toten für alles, was sie für uns waren und heute noch sind. Wir bekennen unsere Demut und Unwissenheit angesichts der Geheimnisse um Leben und Tod. Wir erhoffen für uns und alles Leben ein Ende von Leid und Kummer und ein Leben in Licht und Frieden.

Und nun wollen wir gemeinsam das Ritual beenden und die Kerze in unserer Mitte ausblasen. Wir zeigen auf diese Weise, dass wir auch Dunkelheit und Geheimnis wertschätzen.

(Am Ende setzt die Gruppe ihr begonnenes Picknick fort. Wenn die Teilnehmer dann Lust haben zu tanzen, ist das ein gutes Omen.)

Phantasiereisen und Meditationen

iskopress

Klaus W. Vopel
Gruppenmeditationen
190 Seiten, Paperback
ISBN 3-89403-078-X

Klaus W. Vopel
Lust am Leben
Phantasiereisen für Optimisten
214 Seiten, Paperback
ISBN 3-89403-096-8

Klaus W. Vopel
Lust am Leben (CD)
Phantasiereisen für Optimisten
Spielzeit: 70 Minuten
ISBN 3-89403-022-4

Klaus W. Vopel
Höher als die Berge, tiefer als das Meer
Phantasiereisen für Neugierige
202 Seiten, Hard Cover
ISBN 3-89403-092-5

Mehr Bücher, die Mut machen

iskopress

Stanley Keleman
Lebe dein Sterben
Über die Kunst loszulassen
158 Seiten, Paperback
ISBN 3-89403-409-2

Gay Gaer Luce
Länger leben, aktiv bleiben
Was wir gegen das Methusalem-Syndrom tun können
222 Seiten, Paperback
ISBN 3-89403-088-7

Cathrin Schmid
Nachtwache
bei Schwerkranken und Sterbenden
223 Seiten, Paperback
ISBN 3-89403-395-9

Für nähere Informationen fordern Sie bitte unser Gesamtverzeichnis an:

iskopress
Postfach 1263
21373 Salzhausen
Tel.: 04172/7653
Fax.: 04172/6355
eMail: iskopress@iskopress.de
Internet: www.iskopress.de